JN306273

「食の職」新宿ベルク

安くて本格的な味の秘密

迫川尚子

筑摩書房

本書をコピー、スキャニング等の方法により無許諾で複製することは、法令に規定された場合を除いて禁止されています。請負業者等の第三者によるデジタル化は一切認められていませんので、ご注意ください。

まえがき　仕事としての食。趣味としての食。人生のテーマとしての食。

まずは自己紹介を。

わたしは、ＪＲ新宿駅東口改札のすぐそばにある「ベルク（ＢＥＲＧ）」という飲食店の共同経営者の一人です。店での役職は、副店長。

同じ共同経営者で店長でもある井野朋也が、２００８年、『新宿駅最後の小さなお店ベルク』という本を出版し（２０１４年ちくま文庫化）、多少話題にもなりましたので、「ああ、あの」と思われる方もいらっしゃるかもしれません。

とは言っても、まだまだ知る人ぞ知る穴場的な店です。ほとんどそこに店があることにも気づかず通り過ぎてしまう小さくて狭いお店です。また店名はご存知なくても、場所のご説明をすると「そう言えば、１回くらい立ち寄ったことがある」とか「通勤途中だったから、よく利用した」と思い出してくださる方もいます。ＪＲと地下鉄丸ノ内線を結ぶ連絡通路のわきにぽつんとある、世界にたった一つの個人経営の小さなスタンド（セルフサービス）式ビア&カフェ。わたしたち自身、店の個性をアピールすることより、まず通勤客に使い勝手のいい、日常使いの店を第一に心がけてまいりました。

この大不況の中、個人経営（インディーズ）はビジネスとして成り立つのか？ 前回の『新宿駅最後の小さなお店ベルク』は、それを根本から問い直す本でした。書店では、主にビジネス書のコーナーに置かれました。ただ、いわゆるお堅い本ではありません（お堅くなりようもないのだけど）。あくまでも自分たちが直面した困難やそれを打開するための術を、少しでも参考になればと店長が語った本です。

その姿勢は、本書にも引き継がれています。ただ前回は、店を立ち上げ、軌道にのせ、維持するという経営上の大きな流れを（ついでに店長の個人史も）一冊にまとめたので、抜け落ちたこともたくさんありました。実際、多くの読者から、「食」や「メニュー」に関する内容をもっと詳しく！ とリクエストをいただきました。

わたし自身、情報に飢えているところがありまして、普段から食に関することなら本、雑誌、ネットにかかわらず、ニュースでも特集記事でもブログでも、手当たり次第目を通しています。業界の動向からお店や商品の紹介あるいは評価、料理のレシピまで。ただ、全体的に不満なのは、食の仕事に携わる人たちの大げさに言えば**哲学**や**人生観**がいまひとつリアルに伝わってこないということです。腕の立つ職人や料理人は、寡黙だから？　言葉は無用？　そんなことはありません。ただきっかけがないだけだと思います。雑誌での一流シェフのインタビューなども、記事の方向性があらかじめ決まっていて、質問や答えはそれに沿う形でピックアップされている感じがします。思いもよらない発見や共感が少ないのです。

だったら、自分でそれを引き出してみよう。などと大それたことを最初から考えたわけではありませんが、わたしには仕事上、身近に（腕は世界レベルの）職人さんたちとのお付き合いがあります。毎日、彼らの手がけた食材を自分の手で扱っています。彼らの食材については誰よりも知っている（ようになりたい）と思っています。彼らと「食」について話すだけでも、もしかしたらほかでは聞けない現場の生の声がひろえるかもしれない。と思い立ち、本書の第2章でベルクの三大職人の仕事場に店長とわたしが押しかけ、話を聞かせてもらうという企画を実現させました。

ベルクは、たった15坪のスペースで、客数が1日平均1500名、基本的にワンコインでも満足していただけるよう、また多様なニーズにこたえられるよう200近いアイテム数のリーズナブルな商品をご用意しています。広々とした店でお金も時間もいくらでもかけていいなら、さほど頭を悩ませなくてもすんだでしょう。でも、ごく限られたコスト、ごく限られたスペース、ごく限られた時間のなかでいかに納得のいく商品をコンスタントに提供できるかというのが、わたしたちにとって（多かれ少なかれ食の仕事に携わるすべての人にとって）、やはり知恵のしぼりがいのあるテーマなのです。それに関しては1章で書きました。

と同時に、食の意味といいますか、食そのものについても考えざるをえませんでした。飲食業が単なるお金儲けの手段になってしまったら、わたしたちはなにを失うのか。プロローグではまずそのことを書きました。

食は生活の中にあります。第3章では、わたし自身の生活をふりかえりながら、食のありかた、外食のありかたにふれてみました。

すぐ話のネタになるような情報、すぐ役に立つような情報は巷にあふれています。わたしもそういう情報には迷わず飛びつくほうです。ただ、せっかく自分が本を書くなら、それだけじゃない本もいいなと思いました。

もちろん、小むずかしい話はするのも聞くのも苦手です。でも、まあ人生にはさまざまな困難がつきものです。わたしだってそこから目をそむけたり現実逃避しなければやってられないときもあります。でも、じっくり正視して考えなければ身動きがとれなくなるときもあります。そのときに心がけているのは、**明快にできることはなるべく明快にしよう**ということです。その上で（明快にしきれない）ファジーな部分も大事にとっておこうと。それは仕事においてもプライベートにおいてもそうです。

わたしの場合、食はどちらにおいても重要な位置を占めています。仕事としての食。

個人の趣味としての食。人生のテーマとしての食。それらは別々のようでありながら、切っても切れない関係にあります。

それを丸ごと、1冊の本にできないだろうか。という思いつきから、本書は生まれました。あれもこれもと詰め込みすぎたかもしれません。でも読み応えは保証します。できれば、じっくり腰をすえてお読みください。

食の仕事に携わる方はもちろん、そうでない方も、最近味はわかるけれど心から食が楽しめないという方、また食という観点から健康を考えたい方、食を娯楽としてとらえたい方、食に一切かかわらず生きたいと願う方にもぜひ読んでいただきたいです。

目次

イラスト　曽根愛
写真　迫川尚子

I ♥ BERG
BERG
ベルク

BERG
210円

BERG MUG
BERG
http://www.berg.jp
"Everyone in the world is mixed blood
who cannot be classified.We should
help each other little by little
and we live respecting each freedom."
"Such world can be realized?"
"Now we start from BERG here!"
BERG MUG

BERG
エッセンベルク

自然卵
ベルク通信
気にすると
気になる

BERG

ベルク20周年開店記念
7/20～7/25
20th I ♥ BERG
German Brunch
Hotdog Brunch
Vegetable
COUNTER CULTURE
20th I ♥ BERG
ベルク20周年開店記念ビール
ベルク通信
限界＝多様性
分ける＝分かる

BERG
ベルク
AM7:00－PM11:00
おいしいコーヒーを
お店は
少しずつ
空いて
まいります

「食の職」新宿ベルク

——安くて本格的な味の秘密

プロローグ

食で生きる

なつかしさ、驚き、安堵、怖さ、おぞましさ、喜び。食と一言で言っても、わたしたちはそこにさまざまな感情やイメージを抱きます。食はわたしたちにとって生きる糧であるとともに、命とりになることもあります。他人がつくったものが口から無防備な体の中に入ってくるんですから。

つまり、一回一回の食が真剣勝負みたいなもの。

わたしの場合、食は道楽でありながら、仕事でもあります。だからなおさらそう意識するのかもしれません。人間どうしのように、食にもさまざまな出会いがあり、断念があります。一言で言うなら、食は人生そのものです。

食について考えることは、自分の生き方について考えることでもあるんです。

食とお金儲け

突然ですが、お金儲けはけっして悪いことじゃないと思います。

わたし自身、副店長として商売をする身、ドカンと一発儲けて楽して暮らしたいという野望、というか淡い夢はもってるんですよ。でも、飲食業でそんなことはなかなかありえないし、なくてよかったのかもしれません。負け惜しみ？……はい。そうです。ただ、なんとなくわたしが思ってるのが……そして、いま、少しずつ言われはじめているのが……お金はなくちゃ困るけど、それだけじゃ……人生やってられないよね、という（至極真っ当な）ことじゃないでしょうか。

もちろん、お金のあるところにお金はどんどん溜まる。借金のあるところに借金はどんどんかさむ。世の中のそういう仕組み（いわゆる格差社会）は大問題です。どう考えても、お金は世の中の潤滑油としてうまく機能していない。端的に言って、お金持ちのためのものになってしまっています（これは本当にどうにかしてもらいたい！）。でも、だからと言って、お金持ちはずるいとか貧乏人はどうのという話をしてもらちがあきませんよね。

お金儲けは腹黒い、ずるがしこい、不純といったあまりよくないイメージと結びつきがちですが、いま、わたしが問題にしたいのは、そういうこと（道徳とか人間性）よりも、むしろ**自分自身の生き方**なんです。

食の話がなかなか出てきませんが、ちょっと我慢して読んでください。

たとえば、企業は利潤の追求をなによりも優先します。それは経営者の価値観や人間性となんの関係もありません。

たとえ社長が無欲で聖人のような人でも、それと企業の方針は別もの。もし、それで会社が経営危機に陥ったら、社長と言えども首が飛びます。企業においては経営者も取り替え可能な組織の歯車のひとつ。企業はつぶれない……つぶれるって本当は、ありといえばありなんですよ。失敗は成功の元と言うじゃない？　でも、企業はつぶれないためならなんでもやります。リストラだって吸収だって合併だって。組織を守り、利潤を生み続けることがなにより優先されるからね。バンドのように意見が合わず、解散なんてこともありえない。そのせいか、これだけ経済が不安定な、大企業も安泰じゃない時代になっても、企業信仰は相変わらず根強いですよね。企業に就職すればなんとかなるという働き手の幻想は消えつつあるかもしれませんが、国の政策などをみても、企業さえつぶさなければ経済はなんとかなるという幻想にいまだにしがみついているように見えます。ベルクや多くの飲食店のようにいつつぶれるかわからない？（スリル満点の）個人店を営んでいると、企業信仰にしがみつくのは安易というか、かえって危なっかしく見えちゃうんです。

わたしは企業を否定しているわけじゃありません。企業のやることなすことすべてがダメというのでもありません。

ベルクでも樽生ビールだけは大手メーカーの製品を扱っていますが、扱いやすさという点ではさすが大手と思いますもん（マニュアル通り扱えば、まず問題なし。予測不能性低し。無難。万人向け。その点、工業製品の対極にある職人手づくりのパンやソーセージは扱いがむずかしく、熟練を要する。予測不能性高し。玄人向け）。

そこはやはり、最先端の高度なテクノロジーに裏づけられている面が非常に大きいと思います。大企業じゃなきゃやれないことって、あるんですね。だって、かけるお金がちがう……お金かけなきゃできないことってあるし、世の中への浸透力も速攻だし。だからなおさら、社会的意義も問われるのでしょうけれど。

ベストテンの味だけでいいの？

しかし、企業というものがそもそも利潤追求を最優先する仕組みになっているということ。これは間違いない。

いわゆる「規制緩和」は、医療や教育のような本来、産業に不向きの分野にも企業の進出を促進する政策でした。そんな分野で、企業の論理が完徹していいのかな、と思いました。企業の論理といっても、要するに売れなければ意味がないわけですから、お役所などよりもはるかに利用者（消費者）のニーズに左右されます。だからなおさら、消費者の企業に対する期待も大きいんですね。

市場にまかせればなんとかなるという「市場経済」万能的考え方や企業信仰は、実際にはそうした消費者の企業への（消費者には逆らえないだろうという）期待に支えられています。ただ、公害や環境破壊を見ればわかるように、企業の売れればなんでもあり的なところには、取り返しのつかない落とし穴もあるんです。

それに消費者の求めるものと言っても、市場の多数派が求めるものであって、少数派の要求は切り捨てられる面が確実にあります。まあ多数派というと、働き盛りで消費生活を満喫する人たちというイメージがありますが、じつはそれは市場における単なる平均像であって、マニアックな嗜好をもつという意味では、誰もが少数派なんですが。

要するに、多数決の原理。誰もがいちおう、そんなものだろうと納得する……無難な結果（ベストテンって、なんにしてもそうですよね）に落ち着く。それが多数決です。でもベストテンは、人々の微妙に異なる好み（心や体のありよう）を反映しているわけではありません。だから多数派向けの市場って、一見バラエティーに富んでいますが、目先の新しさや変化だけで、**実質的には「画一的」**なのです。ベストテンに入らない多様性がカットされるような論理が、医療や教育になじまないのは言うまでもありません。

そして、食も、本当はその点で同じじゃないかなと、わたしは思うんです。身体や命に直接かかわりますから。人間の身体はそれこそ一人一人ちがいます。本当は、同じ人でも一刻一刻ちがいます。でも、食産業に関しては、もともと規制が甘く、さらに企業の進出が政策上推進され、ベルクのような個人店も存続が脅かされはじめています。そのことがみんなの危機感をつのらせているのではないかと思います。

というのも、まず食産業の場合、利潤追求（＝コストダウン）のために味付けや保存方法として手っ取り早い化学薬品がビシバシ使われたら、そのしわ寄せは結局、わたしたち（とくに赤ちゃんや病人といった化学薬品にいちばん影響を受けやすい人たち）におよぶからです。

若くて元気なうちはいまの日本の食産業は華やかで楽しく見えるでしょう。しかし、いわゆる企業的なあり方に愛想をつかしはじめている若い人たちも増えています。もちろん、企業も必死にヘルシー志向やエコを打ち出していますが、独自の見解や信念をもった体をはって仕事する中小の生産者や個人のお店が見直されつつあると思うのです。

本書では、ベルクで取引をしている個人店の方々の話もじっくり聞くことができましたが、最優先するのは「味」であり、「お客様を裏切らない」ことであり、それこそが店の繁盛につながると、彼らは信じています。その結果、じつに多くの方に支持されているのです。

それは中小にとっても、微かな光といえるでしょう。とにかくいまのままでは消費者の選択肢は減る一方なのです。

店は自分でやるもの

さすがに最近は食の管理体制が見直されるようになり、表示の義務づけなどが厳しくなりましたが、目くらましとしか思えない制度も少なくありません。本書ではそうした問題点にも所々でふれたいと思います。

ただ、わたし自身は、食にしろなんにしろ、企業や制度についてどうこう言う前に（時には言う必要もありますが）、企業や制度はあてにならないというのがまず前提としてあるんです。ある程度、自分でなんとかしなくちゃ（「Do It Yourself」、つまりＤＩＹです）。

わたしたちが本やベルク通信という新聞を通じて「個人店の時代」を唱えるのは、一消費者として個人店が増えた方がエキサイティングで楽しいというのもありますが、自分たちの経験からいっても、店は自分でやるものであり、フランチャイズ（大手のネームバリュー）に頼らなくても、自力で**食材の調達やルートを開拓し、個々のネットワークを築けば**、いくらでも可能性が広がるというのが実感としてあるからなのです。

批判や不満だけでなく、自分でなんとかしようという発想、それがＤＩＹです。

それは医療や教育に対しても同じで、自分の生き方の問題に通じます。

だって、自分にとって最後の最後に頼りになるのは、結局、自前の「この目」「この鼻」「この耳」「この口」「この触覚」しかないですもん！　たとえ未熟であっても、それらを使って最後は自前のおつむで判断するしかないよ。

プロでもなく、アマでもなく

そのときに、他人の意見や情報が判断材料のひとつになるのはたしかです。

あまり偏らないように幅広く情報を集める必要もあるでしょう。ただ、ネットは情報の海といっても、あまりに無責任であまりにとりとめがなく、振り回される恐れもあります。それよりは、**一定の視点からものを言う**（責任の所在が明らかな）人を一人見つけた方が、その意見が正しいかどうかは別として手がかりにはなりやすいと思う。そういう意味で、専門家（プロ）の意見はブレにくい。

が、一言付け加えると、現状に行き詰まったり人生の窮地に陥ったりしたときに、ひとつの視点にとらわれない、ダイナミックな発想が突破口になる場合もあります。プロの意見は、その道で場数をふんでいるだけに参考になりますが、仕事がシステム化しちゃって新しい発見につながりにくい面も正直あるんですね。

一方で、どの道にも「名人」とよべる偉大なプロもいて、そういう人は（現状に満足しない）自由で実践的なアマチュアリズム精神をも、もち合わせています。名人は言っていることが矛盾してたりするけど、その**矛盾そのものが刺激的**だったりする。だから、わたしはあまりプロ・アマという区分けにはとらわれないようにしています。

この本も、プロとしてというよりも、そこそこの年数を生きてきた、飲食店経営の経験もある、そして食に対する畏れと感謝の心をもつひとりの人間、ひとりの女として、わたしの経験や感覚がいつかどこかで誰かになにかの形で必要とされ、参考にされるかもしれないという思いで書きました。

わたしは副店長をしていると書きましたが、副店長とはどんなことをする役職なのか？　店長の補佐？　そういう面もあります。個人店では、店長は店の顔です。が、うちでは誰が店長で誰がアルバイトかお客様には見分けがつかないと思います。社員もアルバイトも関係なく、みんな、黒子のようにせわしく動き回っている。もちろん、わたしもその中の一人。

＊

ただ10人の社員たちは、スタッフの悩みや愚痴を聞いたり、業者さんと打ち合わせしたり、新しいメニューを考えたり、と現場から少し離れた仕事も色々しています。とくにわたしは商品開発方面と人事方面を引き受けています。

では店長の役目はというと……なんでしょう？　全体というか、ただ遠くを漠然と見ているだけのような気もしますが？　未来とか？

とにかく、遠くのことよりも目の前のこと。毎日色々な課題や問題がわたしたちの前には山積みです。それにわたしは一つ一つ対処していくしかありません。次章からは断片的でうまくまとまらなくても、それらの対処法をなるべくたくさんかき集めてみました。

第1章

お店の味をつくる

飲食業は割に合わない仕事と言われます。料理や接客が好きというほどでもなかったわたしはこの職業につくとは考えていませんでした。店長に説得されて、この世界に飛び込んできました。

ただ、商売である以上、経営戦略も人事も重要ですが、わたしには最初から**ここだけは絶対譲れない**というものがありました。それは「味」です。

その基準を一言で言うのはむずかしいですけれど、たとえばどんなに美味しくても扇風機の風のように一辺倒なのはパス、自然の風のように抜けと遊びがあるのはオーケーという選び方をします。とにかく味で自分たちが納得いかなければ、いくら流行りだろうが効率的だろうが、ベルクでは却下。その信念を20年間貫き通したからこそ、いまわたしに後悔の二文字はないし、やってよかったと思えるのです。

それは、味で色々な人たちとつながれたというのも大きい。お客様はもちろん、職人たち、スタッフたちとも、商売とか仕事といったものを越えるつながりが感じられるのです。

味に年齢も性別も人種も関係ない。赤ちゃんでもこの味を大事にしてくれる、そう思える瞬間があります。命と命のつながりがダイレクトに感じられる瞬間。そこには、割に合う合わないという計算が入り込む余地がない。むしろ食という仕事の最大の旨みがあるのです。

ベルクの味はどうやって生まれるのか？

やっぱり、お店は「メニュー」で決まります

いまなにがはやっているんだろう。新しいもの、珍しいもの、未知のもの、なんでもいい。なにかおもしろいものはないかな。

わたしは商品開発のため、いつでもネタを探しています。ファッション、音楽、本、雑誌、テレビ、人々の会話、街。色んなところへアンテナをはりめぐらせます。それで「新しい自分に出会う」なんて夢みたいなことは思いませんが、とにかくウキウキします。

とくに女性は、毎日お化粧をして、多少でもおしゃれして出かけます。だから、ある意味、毎日が日常というより「ハレの日」、つまり「スペシャル・デー」です。女性が買い物好きなのも、単に必要なものを探すのでなく、「スペシャル・デー」にふさわしいものを見つけたいからなんです。ウキウキしないはずがありません。

このウキウキ感が外食の商品開発に大いに役立っているのです。ここではベルクの商品開発について書いてみようと思います。

30種類の食材でつくるエッセンベルク

スペシャルランチサービス「エッセンベルク」。10年前に女性客をターゲットに開発した商品です。コンサルタントの押野見さんは「ベルクの良心」とも名言してくれました。

30種類の食材が売りです。さまざまな食材が少しずつ試せる、好奇心旺盛な女性にうってつけのメニュー。

豆のサラダにポテトにキャベツに天然酵母のパンとパテ。スープもつきます。そして、甘くないデザート代わりのそば粉のブリンツ。ベルクのコース料理です。

ベルクは場所柄、夜勤明けのお客様も多く、朝からビールというのが当たり前の店なので、お酒にも合うランチにしたかった。そうでなかったら、ポテトでなくかぼちゃにしたでしょう。かぼちゃはデザートにもなるので一石二鳥。でもビールと合わせるには甘すぎる。やっぱりじゃがいもだ。でも女性客も意識し、あえて塩はかけずにディルをのせてハーブポテトにしたのです。

サラダはパンチのある味にしました。デザートはいかにもデザートでなく、さりげ

エッセンベルクは30種類の食材を使いたいというのがテーマ

天然酵母パンは①小麦粉、②ライ麦粉。

ポークアスピック＆レバーパテは③豚肉、④クリーム、⑤レバーペースト、スパイス。

ディル・ポテトは⑥ジャガイモ、⑦ディル。

レンズ豆のサラダは⑧レンズ豆、⑨ピーマン、⑩トマト、⑪赤玉ねぎ、⑫パセリ、赤ワイン、オリーブオイル、マスタード。

枝豆とキクラゲのゲーゼは豚肉、⑬枝豆、⑭キクラゲ、⑮唐辛子。

牛肉と大麦のスープは⑯牛肉、⑰セロリ、⑱大麦、玉ねぎ、トマト、⑲寿鶴水、⑳インゲン豆。

サワークラフトは㉑キャベツ。

そば粉のブリンツは㉒そば粉、㉓レーズン、㉔ブルーベリー、㉕オレンジ、㉖牛乳、㉗自然卵、㉘生ビール、㉙小麦ふすま、バター、チーズ2種。

そして、付け合せに㉚レタス。

なく食事の延長にもしたい。かぼちゃでないとしたら、なにか。考えたあげく、ブリンツという甘くないクレープにブレンドしたチーズにしました。これで、かなりバランスがよくなったと思います。なんの説明書きもないのに、ブリンツは最後に食べる人が多い。食にも自然な流れってあるんです。

「エッセン」は野菜のカットの大きさも決まっています。でも、工業製品のようにきっちりしすぎてもダメ。ある程度の勢いとゆらぎがないと。スタッフには感覚的に（五感で）覚えてもらうしかない。

他店では恐ろしくてやれないことをやる

それにしても人間って、勝手で矛盾した生き物です。自分のイメージに反したことが起これば戸惑い、パニクります。一方で、イメージ通りにことが進むと退屈で死にそうになる。食に対してもそうです。

誰もが、その人なりの食のイメージをもっています。

わたしも例外ではありません。ただ、そのイメージをぬりかえるきっかけになるのが新しい出会いです。

異国の異文化だったり、恋人だったり。

その瞬間、味覚にも革命が起きる。

食の仕事に従事していると、自分の中にあるイメージに縛られないためにも、全神経を舌に集中しなければならないときがあります。商品開発のときなんかまさにそう。しょっちゅう外国に行ったり、新しい恋人をつくるわけにもいかないので、味覚だけが頼りです。

ベルクのメニューに、ハムをパンにのせただけの商品「マイスターハムサンド」があります。高橋康弘さん（110頁参照）のつくるミルクパンの甘みと河野仲友さん（137頁参照）のつくるボンレスハムの旨みが見事に引き立て合ってる、絶妙なバランス。思いつきで組み合わせてみたら、コインの表と裏のようにぴったり寄り添って、その美味しさにまず自分がやられちゃいました。

サンドといっても、**パンの上にハムをのせただけ**ですよ。サンドすらしていない。美味しいけどこれだけで商品にするには……と一瞬ためらいましたが、スタッフにも試食してもらい、「シンプル・イズ・ベスト」とみんなノリノリ。

ミルクパンは、水を使わず牛乳100パーセントでつくられています。赤ちゃんからお年寄りまで食べられるパンを職人さんはつくりたかったそうです。しっとりふんわりミルクの甘味のあるパン。本当にやわらかくて両手でかかえないと生まれたての赤ちゃんの首のようにクタッとなってしまいます。それをスライスしてお出ししています。

パンがあまりにやわらかいので、どんなハムをのせてもしっかりと固く感じるでしょう。でもボンレスハムは密度が細かく、繊細。ミルクパンと相性がいいのです。噛んだ瞬間、その同質感に驚きます。あまりに自然で気づかないくらい。しっとりと一体になっています。京風美人のよう。ひかえめだけど芯のある女性。真っ白な肌にホホをうっすらピンクに染めて。

もちろん、商品として定着させるには、長い時間が必要でした。なかなかイメージしにくい商品ですし、ベルクの価格体系からするとちょっと高めだし。でもいまはしっかり固定客（ファン）がついています。

外食の利用者の立場に立つと、ベルクってすっごく新鮮だと思います。たとえば、いまや大ヒット商品になったベーコンドッグなんて、パンにベーコンと玉ねぎがはさんであるだけですよ。普通、レタスとかトマトもはさむでしょう。

せめて食べやすいようにベーコンは切って出してあげたら？　と職人さんはアドバイスしてくれますが、あの大きさのベーコンを噛み切って食べるのがまたいいんです！　それも素材の味わい。そのくらい河野さんのつくるベーコンはすばらしいからです。それは体験してみないとわからない。

こうしたメニューには**勇気が必要**です。コンセプトや見た目でごまかせないから。ただ「味」のインパクト大なので、一度、定着すればエヴァーグリーンな商品となる

マイスターハムサンド

ベーコンドッグ

のです。

ベルクのホットドッグも「なにもつけないでお召し上がりください」を謳い文句にするくらい、素材そのものの味が楽しめます。

素材がダメだったらいくら腕があってもどうにもならないよ、とソーセージ職人の東金屋マスターは言います。職人自身が、腕よりも素材と（謙遜もありますが）強調します。

いわゆるファストフードのようにソースで味付けしちゃうという手はあります。調味料とは本来、素材（自然）の味わいを引き立てるものですが、調味料バリバリのものを幼いころから当たり前のように食べさせられたら、素材なんかどうでもいい、味（調味料）さえついていればというようになってしまうかも。それで買い手が納得するなら、売り手も低コストですませられるし、万万歳でしょうが。**食の官能性**は薄れるばかりですね。

ベルクで扱う商品が小さなメーカーのものになるわけ

大手メーカーの営業の人がよくサンプルをもってきてくれます。こんな商品どうですかと売り込みに来るわけです。でも、いまはお断りすることが多いです。全部受けてたら、身がもたない。ひどい味のサンプルも多々あるから。仕事とは言え、それを全部口にしてたら大変なんです。

また、大手メーカーの場合、営業マンしか売り込みに来ないのも疑問です。製造の人が来ることはまずない。

食やファッションのような感性に訴える商売は、統計的には読めない面も大きく、それでも見通しを立てるとなれば、宣伝（イメージ）やネームバリューに頼るしかない。その点では、なんといっても大手は強い。まさに得意分野。だから、製造、営業というように部門を分けることもできるのでしょう。

でもわたしたちは、「やっぱり味」というところからこの仕事をしています。そうすると、いくら営業の方に「ヘルシーです」「流行の最先端です」「いまはこの味が売れますよ」ともっともらしく説明されても、**実際に口にしてみて、ダメならダメ**なんです。どうダメかというのもお話しますが、最初の時点で意識がずれていると、嚙み合うはずがないんですね。

製造と営業がはっきり分かれていない小さなメーカーですと、つくり手が直接やって来ることが多いので話が早い。職人さんでなくても、営業の人が自分の商品に愛情をもち、単なる仕事という以上の信念をもってやって来たら、思わず話を聞いちゃいます。もちろん、あとは実際に口にしてみて美味しいかどうか、です。

いい！　となれば即取り扱い決定ですし、気になる部分があれば正直に伝えます。

そうしたコミュニケーションができるから、ベルクで扱っている商品はどうしてもそういう小さいメーカーのものになるのです。

大手メーカーの商品開発に、コメンテーターとしてかかわったこともあります。そのときも、製造の方とは話が合うのですが、どんなにすばらしい試作品ができても、最終的に経営者の思惑が働き、いちばんのこだわりの（コストのかかる）工程が省略され、試作品の7割くらいの出来で商品になりました。それでもそこそこ売れるでしょうが、あの感動を伝えられないのは残念な気がしました。わたしはその「感動」こそ伝えたいと思っちゃうのですが。

レシピで店の味は伝授できない

店の心得としてレシピがありますが、その通りにつくれば「店の味」になるかというと、そうは問屋が卸しません。え？　なんで？　なにが足りないの？　そこに料理という実践のおもしろさとむずかしさがあります。

でも最初からカンや勢いだけで、その足りなさを補うことはできません。ベルクでは、新人には計りで計らせ、グラム単位でつくってもらいます。分量の大事さを知ってもらうのです。味を覚えれば、自然と手づかみで量れるようになるでしょう。最初はカレーやスープの仕込みは、よほどのベテランにならないとやらせません。

手とり足とり教えます。レシピに書けないようなニュアンスを、五感で伝えるのです。目で見て、匂いをかいで、味わって、手の感覚を覚えて、音を聞いて。「店の味」は、結局、人から人へと直接伝えるしかないのです。

みんなでメニュー開発！

取材を受けると、よく商品開発はスタッフが自発的にするのですか？　と質問されます。たしかに、うちは本部のない現場主義の個人店。商品開発部なんて部門もありません。商品開発は社員をはじめ現場のスタッフがやるしかない。でもそうしょっちゅうではありません。メインメニュー（定番）はそうそういじりません。あまり目先の新しさにとらわれなくても、豊富で充実した定番メニューがあれば、そうそう飽きられないという自信も生まれるからです。

サイドメニューでは多少「手を変え品を変え」はできます。うちではかわきものなどのオツマミ小袋や「本日のおつまみ」「本日の樽生ビール」「本日のストレート・コーヒー」「本日の純米酒」「今月のワイン」といったいわゆる日替わり・月替わりメニューです。樽生は、かなりレアなものが入ります。純米酒とワインは、日本全国や世界中を旅して集めてくる気分でやってますので、なるべく一度やったものはやらないようにしています。

メインメニューはめったに変えないと書きましたが、一度、10年前に、開店以来の大改革をしました。

もともとベルクは、出勤客を主なターゲットにしていたので、朝と夜に関しては、店が軌道にのるにつれ忙しくなったのです。でも、昼が弱かった。たしかに、ベルクのようなスタンド式のセルフサービスの店は、買い物客には不向きです。なかばあきらめていました。

でも、ふと思ったのです。フードにもっと力が入れられないだろうか、と。モーニングは、まわりに競合店も少なく、質・量・価格・スピードで他を圧倒していましたから、ベルクがすでに一人勝ちでした。では、競合店の多いランチに参入してみたらどうか、と。

それには発想の転換も必要でした。モーニングはトースト&バターにコーヒーがついて、とっつきやすく美味しくてお値段もお手ごろですぐお出しすれば、毎日でも利用してもらえる可能性が高い。でも、ランチはそうはいきません。どんなにランチが魅力的だからって、毎日同じ店に行きませんよね。わたしは、**まず週に1回来てもらおう**、という目標を立てました。週に1回は通いたくなるランチです。

あと、若い女性の方にも来ていただきたかった。とっつきやすさだけでは、納得しない。ちょっと珍しくて、おしゃれで、ヘルシーで、というプラス・アルファがいくつも必要になります。そこで開発したのが、前にも書きました、「エッセンベルク」（37頁）です。

エッセンだけではありません。このとき、ランチやおつまみ、ドッグなどフード全体を改革したのです。ベルクはいまでも「通勤客の店」ですが、それ以降、「食のテーマパーク」化したところがあります。「平日が忙しい店」から、「平日も忙しいけど、休日は輪をかけて忙しい店」になったのです。

その後も、何度か小さな手直しはありましたが、メインメニューの骨格はこのときの大改革で決まりました。

パテをランチに取り入れたり、サラダにレンズ豆を使ったりと、高級店ならいざ知らず、当時の大衆店としてはかなり斬新な、一歩、二歩先を行っていたメニューです。が、いまでも古びちゃいない、むしろ時代が追いついてきた？　でも、流行に左右されない本物志向を貫いてきたからこそ、10年以上支持されてきたのだと思います。

この大改革は、社員全員が参加しました。

そこで生まれたメニューの数々を開発者に語ってもらいましょう。

●鶏のナンコツ揚げ

社員の井野冬二は、なぜか「ナマズの唐揚げをやりたい！」と言いだして、築地まで食材を探しに行きました。ナマズのルートは見つからなかったのですが、夜のヒット商品、鶏のナンコツ揚げに化けました。彼の妻はタイ出身です。ナンコツ揚げはタイ料理をヒントにして生まれました。

「ベルクのナンコツ揚げはタイ料理のアレンジ。でも、タイ・レストランで出されるものとはだいぶちがいます。タイ・レストランは、もっとコロモが多い。モチモチしているというか、ベタベタしているというか。色々な香辛料がかかっているので、辛い。ベルクでお出ししているのは、わが家の夕食から頂戴しました。うちの奥さんがつくったナンコツ揚げがビールにとても合ったのです。それを再現したかった。うちの奥さんは、もっとコロモを増やしたら？　と言いましたが、あの最初の『家庭の味』を求めるうちに、コロモが少なめのいまの形にいきついた」（井野冬二《ふゆじ》）

●十種野菜のシーザーサラダ

社員の今《こん》は、フーデックス（食材の見本市）で、当時としては珍しいベビーリーフを見つけてきました。それがサラダになりました。葉っぱのサラダって栄養がないと言われますが、ベビーリーフは栄養がつまっています。水栽培よりも、土栽培のものの方が味が濃くておすすめ。

「ベビーリーフをはじめて見たときは未知の食材でした。きれいな色取りの小さな葉っぱたち。葉っぱの種類が色々あるというのも楽しい。小さな中に美味しさが凝縮されています。ベルクのメニューで野菜色を強めたいと思っていたので、すぐ飛びつきました。ベビーリーフは文字通り幼葉のうちに摘むので、化学肥料や農薬を使わない。カットする箇所が根元だけなので、ビタミンなどの流出が少ない、といいことずくめの食材です。

商品開発は、試作やコンセプトだけでなく、食材の保存方法や保存場所の確保、オーダーのためのスタンバイ方法までつめなければなりません。とくにベルクはスペースが限られているうえに、現メニューを削るということがないので、前からいる大御所食材たちの邪魔にならないよう気を使います。身内からあいさつ回りして、デビューにそなえる。デビューしてからも、厨房内での居場所を確保し、お客様にアピールして見守る。まるで新人アイドルを育てるマネージャーの心境！」（今香子《こんきようこ》）

●ラタトゥイユ

社員の小林は、本格的なラタトゥイユを開発。これも、店のイメージをぐっと高めました。ラタトゥイユって、この5種の野菜の組み合わせにも意味がありますが、野菜の切り方も大事です。ちょうどいい大きさがあるんです。ナスは何センチでズッキーニは何センチでパプリカはこのカットで。

「サラダ以外の野菜メニューがほしかったので、ワインのおつまみにもなるラタトゥイユでいくことに決めました。最初は煮込みを洋風にして、ベルク風ラタでいいかと漠然と考えていた。でもなかなか定まらなくて、一度本場を食べようと当時飲食業界に新風を吹き込んだ『パトリスジュリアン』に行ったんです。

そこでイメージできたのが、ラタトゥイユは野菜料理というよりオリーブオイルを食すための料理だということ。そのお店のラタは、オリーブオイルたっぷりでペッパーがしっかりきいていた。

うちも当然、オリーブオイルは上質なものを使っています。ただうちならではのこだわりは、ハーブにコリアンダーとセロリパウダーを選んだことです。バジル、タイム、ローリエという定番の香り系ハーブでベースをつくり、コリアンダーとセロリパウダーでアクセントをつける。野菜を炒め、煮込むときにハーブを加えていましたが、某レストランのシェフからアイデアをいただき、最初オイルでハーブを炒めるようにしました。オイルが香りだち、そのオイルで野菜を炒めると、ハーブとの一体感がよりいっそう強まります。仕上げは白ワインで。

調理器具にもこだわりましたよ。ステンレスの多層構造の鍋を使っています。スペースと時間が限られ妥協も許されないベルクでは、必需品と思いました。ラタトゥイユの仕込みは炒めがもっとも重要な行程です。余分な水分を逃がしながら、オイルでひとつひとつの野菜を包み込み、旨みを閉じ込めるようにダイナミックかつ優しく炒めるのです。熱伝導のいい多層構造鍋は、基本的に蓋して弱火で炒めるのですが、それでは水分を逃がしきれず水っぽくなってしまう。あえて精一杯強火にしています。それでも焦げつきません。しっかり炒め、短時間で煮込めるのです」（小林新《あらた》）

●ホットドッグのソース

素材のみで十分官能的なベルクドッグも、野菜を加えたりソースをかけたりしてバリエーションが広がれば、官能性はより増します。土台がしっかりしているので、アクセント程度でもかまわない。

ソースも色々試してみました。市販のソースもいいものがどんどん出ています。試してみると、なかなかよくて、ありだなと思うこともあります。いい意味で外食っぽい味にはなる。家庭の味ではなくてね。

ただ、出来合いのものは、どうしても後味が悪い。店長によれば、ゲップが美味しくないそうです（すみません、表現が汚くて）。手づくりのソースはできないだろうか。それを開発したのは、社員の市原でした。４種のチーズとワインを使ったチーズソースと、挽き肉を使ったチリソースです。それに最近、ブルーチーズが加わりました。ファストフードのメニューとして一見目新しさはないかもしれませんが、自分たちが現場で仕込んでつくっているのです。つまり、パンもソーセージもソースもみんな手づくりです。それがどういうことかは、召し上がればおわかりいただけるはずです。

「チリソースは、最初チリビーンズソースにしたかったんです。美味しいソーセージに牛肉ベースのソースをかけるのに違和感があって、豆のソースも同時に試作しました。とにかくソーセージとパンだけで完成されているドッグなので、そこに加わって調和させるのが最大の難関。ソースだけだと味も辛さもちょうどいいのに、ドッグにかけるともの足りなく、何回も調合を変えました。辛さの中にトマトの甘味と酸味が感じられるソースに仕上がるよう心がけました。つらかったのは、試食を重ねるうちに胃や食道をやられたのと、豆のソースはどうしても味がぼやけてしまい、あきらめざるをえなかったこと。

そして、やっと納得のいくチリソースができました。ただ基本のレシピはあるものの、季節や食材の状態によってつくり方は調整しています。そこでも気をつけているのは、トマトや玉ねぎの甘味とスパイスの香りを引きだして、チリの辛さを絡ませ、全体の一体感を出すことです。食感も、凸凹した口あたりを残す。手づくり感です。仕込みがあの狭くて慌ただしい厨房で1時間かかるので、最初はためらいましたが、いまでは1時間半はゆっくり煮込み、必ず一晩寝かせるようにしています」（市原結《ゆ》

美《み》)

●五穀米と十種野菜のカレー

ベルクにカレーを導入することに反対したのは、社員の愛染でした。彼のコーヒーに対する思い入れは人一倍強く、カレーがコーヒーの繊細な香りを殺すのではないかと懸念したのです。でも、ランチメニュー強化というテーマには、**カレーのようなわかりやすいメニューがどうしても必要**でした。そして、そのカレーの開発に名乗りをあげたのも、愛染だったのです。愛するものを殺すなら、自分の手で殺す？（いえ、死んじゃいません。コーヒーの存在感はますます増すばかりです）

「ご飯が先に決まっていました。白米でなく、五穀米でいこう。それに合うルーを考えました。それにベルクでは、長時間じっくり煮込むなんてムリ。セントラルキッチンでもあれば別ですが、あの狭い店内ですべてまかなわなければなりません。価格もワンコイン（500円）以内と決めた。でも、ベルクでいかにもなスタンド・カレーをやってもしょうがない。30分以内で仕込めて、コストもおさえて、オリジナリティのあるカレーをつくる！

不可能、とも思われましたが、ある程度出来合いのものに頼るにしてもなるべくナチュラルなものを使い、手づくりできるところはしっかり手をかける。その両方を探るうちに道が開けた。

五穀米に合うということでは、コストも考えると鶏とトマトがベースになるとは最初からイメージしていました。特別な食材は使わなくても、薬膳っぽさを出したかったので、スパイス群の中に**大量のゴマ**を入れました。これは案外気づかれていないでしょうが、わたしはゴマはカレーの名脇役だと思っています。

時間の制約さえなければ、トマト、鶏挽き肉、ヨーグルトをどんどん鍋に放り込んででしょうが、**鶏とヨーグルトと自家製スパイス群**を練り混ぜて、一昼夜置くことにしました。それでぐっと味が溶け合いました。なにも鍋にずっとつきっきりにならなくても、時間が料理してくれるからです。

スパイス群の作成は、クミンを炒めることから始まり、大量にすりおろした生姜を投入して終わりますが、その過程で過剰にスパイスを加えないようじっと堪えました（人生にスパイスがほしい時期だっただけに、なおさら？）。

トマトは親の仇のように炒める。それがわたしの癒しの時間。

このように下準備を分割することで、仕込み時間はクリアできたのです。

それと同時に、全体のイメージも固まりました。食べたあとに爽快感のあるカレー。外食なのに野菜感のあるカレーです」（愛染恭介）

●大麦と牛肉の野菜スープ

スペース、時間、そしてコスト。ベルクでは商品開発する際、その3つの大きな制約をクリアしながら、さらにベルクらしい本物の味を追求しなければなりません。知恵のしぼりがいがあるってもんです。

最後に、わたしのスープ開発について書きましょう。1杯250円（＋消費税）の「大麦と牛肉の野菜スープ」は、「エッセンベルク」の一部として、ちゃっかりドイツ料理っぽくおさまっていますが、じつはわたしの生まれ故郷、種子島の「かいの汁」からヒントを得ています。豊作と健康を願い、田舎ではよくつくる郷土料理です。

ベルクのスープは、具がトマトも玉ねぎもセロリもインゲンもみな同じ大きさに切ってありますね。色どりも食感もバランスとれてるでしょう？　中身はちがいこそすれ、それが「かいの汁」の特徴です。とても食べやすくて身体にも優しく、栄養満点の汁料理です。親がたまにつくってくれました。

「かいの汁」と言っても、メインは貝ではなく、海の幸、山の幸、畑の幸がふんだんに使われています。「かめの手」という亀の手形をした貝（のようなフジツボ）が旨みを出すのですが、それがたぶん名前の由来でしょうか。わたしも「かめの手」を使ってみたかったけど、東京では入手困難なため、発想を変え、牛肉を使うことにしました。アメリカの田舎町では、おばあちゃんが孫に栄養をつけさせるために牛肉をコトコト煮るそうです。それを思い出しました。カレーと同じように、ベルクの厨房では長時間煮込むのが困難なので、やはり挽き肉にして。ダシは昆布とカツオ節からとっています。和風でしょう？　地中海テイストのスパイスも隠し味に入っています。これでグッと外食の味にしています。あとは塩と胡椒のみ。

イメージ通りのスープがあと一歩で完成しそうだったんですが、どうしても味が決まらない。さんざん悩み、どうも水じゃないかということに気づきました。わたしのめざしていたのは、澄んでいながら、じわっと味わいの出るスープです。だとしたら、水の性質にかなり左右されるんじゃないか。このスープに合った水があるはずだと。考えてみれば、**水も食材のひとつ**ですね。

そして探し当てたのが、寿鶴《じゆかく》という鹿児島は垂水《たるみず》の温泉水だったのです。「軽い」それが第一印象でした。ほかの水と明らかにちがう。するすると飲めるのです。分子が小さいそうです。なるほど、このきめ細かさは分子レベルだったのか。

分子が小さいため、匂いを吸収しやすいので注意するようにとまで言われました。それは具材の匂いが水に移りやすいということです。試しにその水でスープをつくってみました。思った通り、水に味が染みわたり、それが全体を包み込みました。最後の決め手は水でした。

売れないけど売ってみたい商品を売る

ベルクで大人気の「ジャーマンセット」は発売当初は1日2、3セットしか売れませんでした。いまでは1日50セット以上、多いときは100セットも出るヒット商品になりました。

その道のりは長く険しいものでした。

支持される、という信念はありました。でも、いわゆる統計的な根拠はなかった。どこにもないオリジナル商品でしたから。あえて言えば、この味。わたし自身が打ちのめされた味。ほかの人が打ちのめされないはずがない。内容は、ポークアスピック、レバーパテ、スモークチキン、メットブルストまたはポークハム、バケット、ライ麦黒パン、ザワークラウトに、コーヒー付き！　ベルク三大職人のエッセンスが一皿で味わえる一品。

コーヒーだけでなく、ビールやワインも可。昼から夜まで、どの時間帯でもこんなお手ごろな価格でこんな贅沢が楽しめる。太っ腹！　とわたしたちは勝手に盛り上がっていましたが、蓋を空けたらさっぱり出ない。

ヒットするまでの長い道のり

「ジャーマンセット」の販売個数をチェックしては、肩を落とす日々でした。大衆店のセットメニュー(数が出るのを前提にコストをかけ価格を安くする)としては、マニアックすぎたのでしょう。

それでも入り口が入りにくいだけで、入ってさえもらえれば、つまり一度でも召し上がっていただければリピートにつながると確信していました。入り口を入りやすくするため、友人でもあり画家でもある武盾一郎さんと吉崎タケヲさんに「ジャーマンセット」の宣伝用ポスターをつくってもらうことにしました。12年前のことです。「ジャーマンセット」をユニークな絵で図解した大きなポスターができあがり、商品の存在感が出ました。そしてお客様にアンケートをとりました。注文してくださった方に1枚ずつアンケート用紙を配ったのです。1ヶ月で何十枚かになりました。評判は上々でした。「いける」という手ごたえを覚えました。

最近、ある雑誌のライターさんが、カウンターに年配の女性の方が立って「ジャーマン」を当たり前のように召し上がっている様子を興味深そうに眺めていました。「よそではありえない光景ですね」と。

イメージしにくいものに人はなかなか手を出しません。ただ、たまに気まぐれで、普段しないこともしたりします。それで自分でも意外なものにはまるのです。ベルクは毎日利用できる店ですし、「ジャーマン」のようなマニアックな商品も長く続けることで、少しずつはまる人が増えました。時間はかかりましたが、そういう商品があってもいいでしょう。

「ジャーマン」が浸透することで、ベルクは大衆娯楽店でありながら、専門色を打ち出すこともできたのです。

白ソーセージをなんとしても売りたい

より具体的に売るための工夫を、最近の例をもとに書いてみましょう。

ヴァイスブルストという白いソーセージはもっと支持されていいのにと思っていました。淡い雪のようなつるんとしたソーセージ。日替わりの「本日のおつまみ」としてお出ししていました。

食べるとまろやかで上品で舌触りもいい。ファンがついているので出ないことはないのですが、もっと出てもいい、とソーセージ担当の市原とよく話しました。

ドイツではポピュラーな白ソーセージも、日本ではなじみがない。むしろソーセージはこんがりと焼き色がついているものというイメージが強い。わたし自身、ソーセージと言えばお弁当の真っ赤なタコさんウインナーが原体験にあるせいか、こんがり焼けて小麦色でパキッとしているイメージでした。白いと、それだけで生焼けのような印象があります。

人は食に対して保守的です。特別なハレの日以外はなるべく自分がイメージできるものを口にしたい。ベルクは日常使いの店です。食材にはとことんこだわりますが、カレーやホットドッグのようにイメージしやすいメニューでお出ししています。いかにもマニアックな商品もありますが、それは一部のお客様向けというか、たまに気まぐれで頼みたくなるとき用の商品という位置づけです。実際、土日祭日にそういう商品はよく売れるのです。

しかし「ジャーマンセット」の経験があるので、マニアックと思える商品も定番になる可能性がある。それには**売り方をどうするか**、です。

サッポロのスペシャルビール「しろほのか」と白白コンビでセットにしたり、冬はお湯に入れてポトフのようなスープ仕立てにしたり、色々工夫しました。

どう売るかメール

ソーセージ担当の市原とは、現場に出る時間がずれるため、一瞬でも顔を合わせられると「白ソーセージ」の話題になりました。電車の中で、休日も「白ソーセージをどうにかしたい！」と。メールでもやりとりしました。全部保存してあるので、ちょっとお見せしましょう。

2009・12・10　ヴァイスブルストについて市原さん、今さんへ

✉ちょっと思ったのですが、先日、市原さんとヴァイスブルストはもっと出ていい商品なのに真っ白すぎて敬遠されるのかもという話になりましたが、もっと積極的に売ってみませんか？　たとえば、レンズ豆サラダ（ドレッシングをかける前の状態）をパラリとかけたらどうだろう？　お湯の中に入れて提供するので、その中に白ソーセージとレンズ豆の具材が入ったらきれいだなと思いまして。赤と緑でクリスマスカラーですし。POPもつくって。いかがでしょう？　迫川

✉素敵な感じですね！　実験お願いします。ヴァイスの調理法は沸いたお湯に入れて4分。それだけです。　市原

2009・12・11　ヴァイスブルスト

✉昨日の案を自分で試食しました。いいかも。お湯もスープみたいで美味しいです。ゆでたお湯にヴァイスを2本入れて、レンズ豆サラダをティースプーン2杯分、ソーセージの真ん中あたりにのせて。パセリなどは自然にばらけてかわいいです。その場合、お皿は白色

の方が合うような気がしました。真っ白なお皿なので逆にソーセージに色がついているように見えて、ソーセージが白すぎるという違和感は薄れます。彩りもきれいです。いかがでしょう？ ヴァイスをお湯に入れるのはドイツ流だそうですが、たしかにその方が味にコクが出ますね。普通は味が抜けそうなのにね。明日ほかの社員にも試食してもらいましょう。

迫川

✉レンズ豆サラダ入り試食しました。

見た目も華やかで味や食感は想像以上に相性抜群でした。すごく美味しいです！

ここまで違和感を感じないことに驚きました。

今

✉いっそのこと、いま思ったのですが、大麦と牛肉の野菜スープに浮かべたらどうでしょうか？ 温まるし満足感ありの冬メニューとしては最高ですね。スープのストックがあるときに限られますが、すぐに始められますし。実験してみます。

市原

2009・12・12　ヴァイスブルスト
✉今日、市原さん提案の大麦と牛肉の野菜スープに入れて試そうと思いましたが、ヴァイスがなかったので、先にわたしの考えをお送りします。

ヴァイスブルストの召し上がり方
BERG
フォークをさして、ナイフで横一直線に切れ目を入れる。
①
端っこを一口大に切って、身を持ちあげて、皮をはがす。
②
③
④
中身だけお召し上がり下さい。
⑤
固めの皮なので、
はがしやすいです。
身はしっとりと柔らかく、
肉汁も逃げず、とても
優しく、美味しさが
保たれています。

ヴァイスブルスト
白ソーセージ、レンズ豆サラダ付
皮をはがして中身をお召し上がり下さい。
やさしい〜
2本入り
¥609
BERG
1本入り¥367も
ございます。

デザイン　井野朋也

大麦と牛肉の野菜スープに入れる案も美味しそうですが、スープは売り切れになることもあり、連動させるとなると、ハードルが高くなってしまいます。

ゆでたお湯に入れて食べる方式はとても美味しかったです。しかも、レンズ豆サラダを入れると、そのお湯がスープのように飲めた。試しにさらに塩こしょうしたのも飲みましたが、やらない方がバランスがいいです。

ドイツではゆでたお湯に入れたまま運ばれてくるそうですが、それにはちゃんと意味があるのですね。お湯に入れることによって味が保たれ守られているというのが、今回あらためてちゃんと試食してみてよくわかりました。皮を外して食べることにも意味があるのですね。中身を守るために皮もしっかりしているのだと思いました。そこまで守られたソーセージの繊細な味わいは、いざ食べれば、むしろ誰もが好む万人向けの味だと思います。

写真も撮りましたのでPOPもつくれます。

本当に美味しいのでたくさんの人に食べてほしいし、日本ではマイナーでなじみがなく、（ベルクでさえ）出にくいソーセージを、出す意義は大いにあると思います。

ほかの社員にもこのことをMLしておきます。　　　　迫川

その後、社員はじめアルバイトスタッフにも試食してもらい、連絡ノートに感想を書いてもらいました。

これまでは、絵付きのお皿にヴァイスが2本のっているだけでしたが、レンズ豆サラダ入りが好評でしたので、不定期の「本日のおつまみ」から正式に新メニューとしてGOすることになりました。

またひとつ定番メニューに仲間が増えました。発売数日前からPOPを店内にたくさん貼り出します。それだけで、店のやる気が伝わるからです。お客様の背中を押すことになります。

ただのビールが美味しいわけは？

ベルクの扱う食材のなかには、他店と同じように主流の大手メーカーのものもあります。たとえば、定番のグラス樽生ビールを地ビールでやったことは一度もありません。検討すらしたこともない。それに近い価格で地ビールをやることはありますが、あくまでも特別メニューです。

ベルクのような大衆店で定番のビールとなると、日本人にとってなじみのビール。それは大手のビールですから、そこから外れるわけにはいかないのです。また実際、大手のビールはよくできています。飲みやすさ、扱いやすさという点で。こちらも安心して提供することができる。

ただみなさんも感じていることと思いますが、いつも飲んでいる**普通の瓶ビールが異常に美味しいお店**ってありますよね。それはこちらの体調のせいなのか、お店の雰囲気がそうさせるのか？　その辺の情緒的なことは第3章で書きますが、大手だからといって、こちらがなにもしなくていいというわけではありません。

大手の食品も、環境の影響をまったく受けないわけではないのです。どんなビールも他の食品と同じく急激な気温の変化には弱い。冷蔵が理想ですが、暑いところにずっとあったのを急に冷やすよりは、多少暑くても温度が一定している方がまだ保存状態がよかったりする。だから**ルートも大事です**。メーカーとお店がいくら気をつけても、間に入る酒屋がいい加減だったらすべて台無し。サーバー（機械）も毎日の洗浄を欠かせません。

扱いやすいといっても、そういう食品を扱う上での基本的な管理を怠ればとたんに劣化します。気温や湿度の変化に合わせ、ガス圧の調整をしたり、注ぎ方を工夫したりして**お店の味にしていきます**。そのへんはうちではビアテイスターの市原や小林をはじめ、社員は熟練者です。

大手企業にも気持ちを伝える

ところがごくまれに環境や管理、ルート、提供方法以外の要因と思える、本質的な変化を感じることがあります。明らかにいつもと味がちがう。そんなときは必ずメーカーに問い合わせます。昔は、そんなことを言うのはベルクさんだけだ、と言い返されることもありましたが、いまはさすがにきちんと対応してくれます。

とは言っても、公式のコメントがあらかじめ用意されていて、それを繰り返すのみだったりもします。「品質になんの問題もありません」「原材料も工程もなんら変わりません」と。

でも、提供する側がその商品に無関心だったりどこか後ろめたかったりすると、不思議なもので**商品そのものが（味を含め）だれてきます**。そうならないためにも、メーカーとは腹をわることができる対等な関係になりたい。

言葉と絵で味を伝える

わたしたちは毎日、店で出すメニューの試食をしています。ビールも飲んでいます。ひょっとするとメーカーの営業さんより飲んでるかもしれない。そして、わたしたちだけでなく、常連のお客様も「あれ？」と気づかれるのです。「**きょうのビール、なんかちがうね**」と。

もちろん、その味の差は劣化じゃない（不味くなったわけじゃない）。品質改良でもない（旨くなったわけでもない）。提供方法の問題でもない（お店でどうやっても味がもとに戻らない）。厳密に言えば、ビールにも毎日味のブレはあります。でも、それを超えた、あれ？　中身を間違えてない？　と言いたくなるようなちがいを感じたことがありました。

すぐメーカーに問い合わせましたが、営業の人は「そんなはずはない」を繰り返すだけ。

めげずに徹底追求して、工場の移転が判明しました。結局、原材料やレシピ、工程は変わっていないが、工場が移転して機械が新品になっていた（土地が変わって、水も変わったのです）。

それは決定的な変更ですよね。変えることが悪いんじゃない。色々ご事情もおありでしょう。でもコーヒーだって新品のマシンは味が固い。ある程度使いこまないとなじみません。そのときのビールは、まさにそういう味でした。工場がまだなじんでなかったのではと思います。

そうとわかれば、こちらも心構えがちがう。少なくとも数ヶ月は待とうと大きな気持ちになります。こちらでもガス圧の調整や注ぎ方を見直すなどして、ある程度修正は可能だからです。こうした「味の差」を伝えるのは本当にむずかしい。数ヶ月前の「味」が再現できればいいのだけど、それは無理な話です。第3章で詳しく書きますが、わたしは舌で色や形が見える特技（？）があり、このときは営業の人に味を形で伝えました（次ページ）。

「以前はビールの味がこんなきれいなグリーンの卵型だった。真ん中に風が吹いていた。その卵の形が、あるときからこのように変わった。頭がとんがって、直線的になった。舌にささった」と、まず絵にして見せたのです。

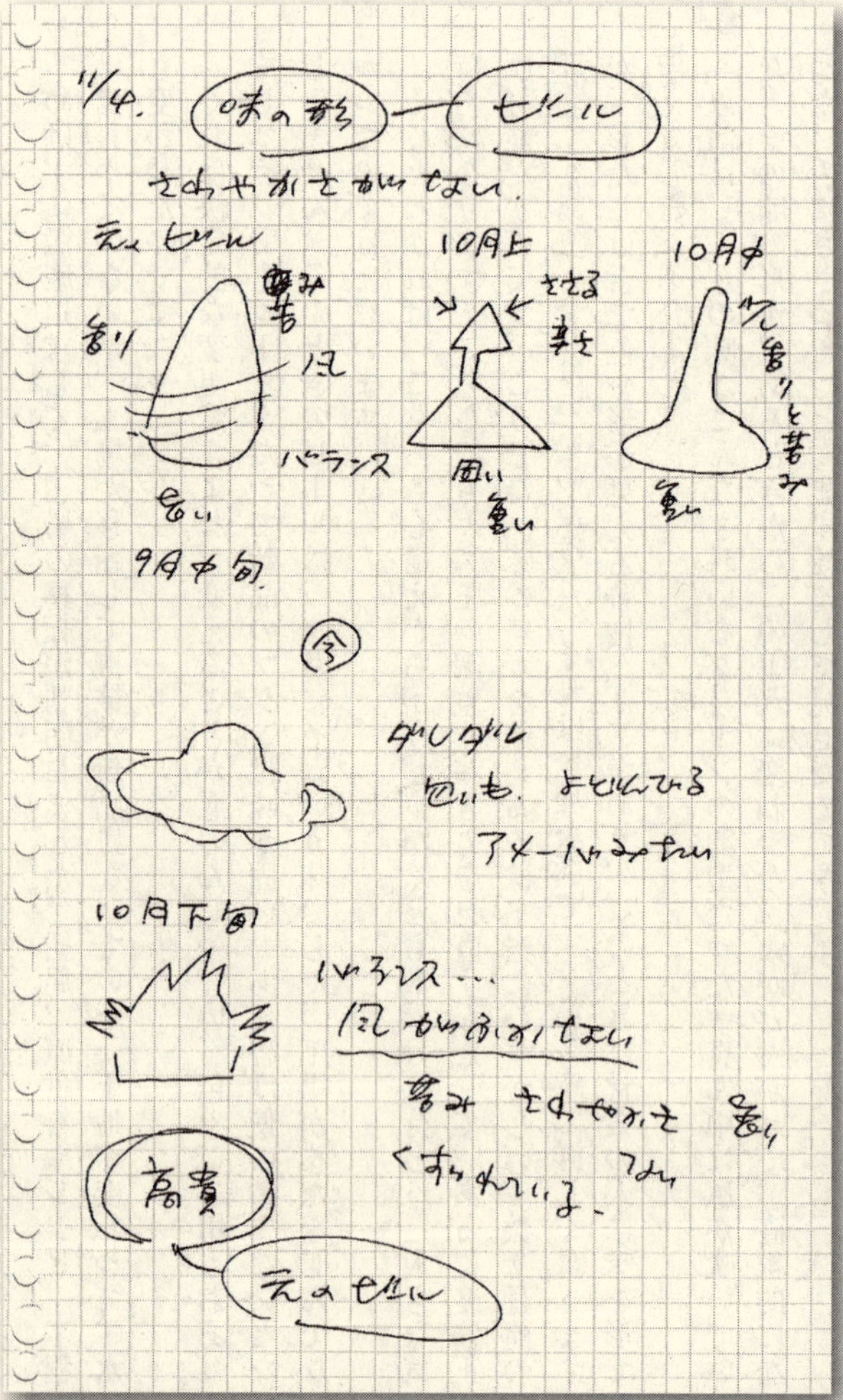
11/4. 味の形 — ビール
さわやかさがない.
元のビール
重み
苦
香り
風
バランス
9月中旬
10月上
さえる
辛さ
固い
重い
10月中
香りと苦み
重い
今
ダレダレ
匂いも よどんでいる
アメーバみたい
10月下旬
バランス…
風がふいてない
苦み さわやかさ 香り
くずれている
高貴
元のビール

すると、あれだけ「そんなはずは……」を繰り返していた人が、「言われて見れば、たしかにそうですね」と急に態度が変わりました。その絵を見て、「はっ」とされた感じです。

もしかしたら、誰でも鼻や口で映像の元を感じているのかもしれない。その営業さんは、その絵を見て、自分でもおぼろげに見えていたものがハッキリ見えて驚いた様子。だから、ぽろっとホンネをもらしたのかも。

で、あらためてメーカーから直接もってきてもらった樽を開けて、もう一度いっしょに味見しました。

「ほら、卵の形がもうすっかりくずれて、アメーバみたいでしょ」とわたしがまた絵にすると、「おっしゃる通りです」となった。

その後、じつは製造現場では、ビールの味を図形で記録しているということもわかりました。味を言葉にするより、絵や図形にしたほうが場所も時間も超えて伝わりやすいというのはあるかもしれません。

＊

わたしたちもそういう経験を重ねるうちに、大手相手でも根気よく話を続ければ、製造部門にも声が届くし、実質的な解決策が見いだせるということがわかってきました。現実には、相手によってアプローチのし方を変える柔軟さも必要かも。

お客様に美味しいものを提供したいという信念をもち続けさえすれば、いつか必ず相手にも伝わるということは、はっきり言えると思います。

ふつうの卵がこんなに美味しい!

わたしは卵が苦手でした。とくに生卵。気持ち悪いとさえ思っていました。なんかドロンとしているし白身は透明で黄身の黄色はどぎつくネトッとして。卵を積極的に食べられるようになったのは、ベルクを始めてからです。ベルクの自然卵は、白身は弾力がありつるつるしすぎず、ていねいに固まってくっついています。いわゆるブロイラー（大量飼育用の雑種鶏）は白身がパコッて割れる感じですが、自然卵はほろほろとさっくりと割れます。黄身の味は濃くて甘さが抜ける感じ。くどくない。けど、しっかりしてる。そして生卵もネトネトしていない。粘膜にネトッてモワッてはりつく感じが苦手でしたが、これは舌の表面にはりつかず、ちゃんと舌のヒダに入ってもひっかからない。細かい分子がしっかり独立して、協力し合ってはかない形状を保っている。

ブロイラーと自然卵はまったく別物です。卵が苦手な方には自然卵がおすすめです。ブロイラーの卵の白身は兵士。しかも直立でパタッと倒れる。自然卵のはゲリラ。S字に曲がって踏ん張っている。そうそうパタッとは倒れない。そんなちがい。

今回、自然卵でお世話になっている小林養鶏農園の仕事場にお邪魔して、その謎がやっととけました。ちなみに、小林三兄弟の次男、小林則幸さんは水彩画の画家で、ニワトリの絵を描かれているそうです。

それにしても、百聞は一見にしかず。トリたちのエサを実際につくるところを見せていただくことになって、もう驚きと感動の嵐。本当に手づくりなんです。あれは絶対に美味しい。人間が食べても！　詳しくお教えできないのが残念なのですが、山のもの（自生する薬草や野草）と海のもの20種類の自然素材（非遺伝子組み換え）を組み合わせて、まるでカレーのスパイスみたいと思いました。袋を開けると潮の香りがしたりして。山の中で。素敵でしょ。

業務用のエサを与えると、おもしろいくらい卵を量産するそうです。ホルモン剤かなにか入っているのでしょうか。中身を業者さんにたしかめても、答えてくれないんですって。そんな得体の知れないもの、**怖くて一切使えません**と小林さん。小林養鶏農園のニワトリたちはみな、慎ましやかに卵を産みます。もともと国産のニワトリは卵の量が少ない性質だそうです。ま、少ないとか多いとかは、わたしたち人間の都合なんですが。

もちろん、生産者の立場に立てば、なるべくコストを下げ、利益を上げたいと願うのは当然です。「量産」という言葉が目の前にどうしたってちらつくはずです。ただ、だからと言ってあまり不自然なことをすると、自然のしっぺ返しをくらいそう（**わたしたち自身も自然の一部です**）。少なくとも「畏怖の念」は失いたくはないですよね。国産のニワトリにこだわるのも、日本の風土に合っていて育てるのに無理がないからでしょう。

ただ無理がないとは言え、鶏舎は文字通り自然環境にさらされています。夏は暑く、冬は寒い。タヌキに襲われないよう罠をしかけたり、西日を遮断したり。24時間気がぬけません。そりゃそうですよね。生き物相手ですもん。ニワトリは強風に弱い。水を補給しながら体温維持をするそうです。その水が万が一止まってしまったら、完全にアウト。

自然卵というと濃厚な黄身、放し飼い、というイメージが強すぎて、逆に黄色く着色したり、放し飼いだけど地面に抗生物質をばらまいたりといったウラ話を聞いたこともあります。

ベルクの卵の親たちとドア越しにご対面もしました。逞しく美しい姿に感激しました。

小林さんは最初、たまたまうちのお客様でベルクドッグを召し上がり、その味に感動して卵を売り込みに来てくださったのです。**いい食材はいい食材をよぶ**。そんな素敵なつながりをベルクでは日々実感することができるのです。

味の輝きを保つのは40人のスタッフ・アルバイト

アルバイトを使うことの矛盾

スタッフ募集には、性別、年齢、出身地、職歴はもちろん、性格や生き方もじつにさまざまな人が応募してきます。

台湾、中国、韓国、ミャンマーといったアジアの人たちもいます。日本に留学して飲食店で働くアジアの人は多くて、ベルクでも、外国の人はカンがよく、呑み込みが早いので助かります。片言の日本語がかわいらしいのですが、彼らの多くは二ヶ国語以上を話す秀才なんですね。

ベルクは最初「家族経営」が母体でしたので、アルバイトはどちらかと言えば、助っ人という感覚でした。ところが店が成長するにつれ、アルバイトと言えども、わたしたち（社員）と同じ意識で技術を身につけてもらわないと、店の質を維持できなくなりました。わたしたち自身、手探りでやっているところがあり（いまでもそうです）、完璧なマニュアルをつくるよりは、まずいっしょに店づくりに参加しているという意識をもってもらうことが先決でした。

アルバイトって、使う側にとっては、都合よく使いまわしでき、使われる側にとっても、自分の都合が優先できるという両者の利害関係が一致したあり方とされています。うちのように短期決戦型ではなく長期の展望をもって、しかも低価格高コストの個人店は、そこが痛しかゆしです。とくに店が軌道にのるまでは、社員を増やす余裕もなく、アルバイトに頼らざるをえません。にもかかわらず、アルバイトを使いまわしでなく、しっかり育てたい、だから自分の都合ばかり優先してほしくないという気持ちがどうしても芽生えます。

でも、アルバイトの方が希望する期間は、だいたいみんな1年以内の短期です（普通1年は長期なのかもしれませんが、うちではヒヨコです）。

せめて1年とか2年は続けてほしい。店は成長し続けます。店のアルバイトへの要求度（依存度？）はむしろ高まっているかもしれません。

アルバイトにしてみれば、そういうベルクの考え方が新鮮と思う人もいれば、やりがいにつながるという人もいます。が、やりづらいと思う人もいます。むしろ、最初はみんな戸惑います。わたし自身、矛盾を抱えているなぁと思うこともあります。

いまはアルバイトに限らず、人を使いまわしにしすぎる風潮もあります。人だって物だって、使い捨て。法制度が、個人よりも企業を優先につくり直されているからでしょう。使われる側も、その感覚に慣れてしまっていないでしょうか。

苦しいときこそ人を増やす

現在、ベルクのスタッフは総勢40人。え？　こんな小さな店に？　とよく驚かれます。

新人からベテランまで、三交代で、週1から週6まで、1日3時間とか5時間とか、入り方もさまざま。5年に一度という人もいたりして……。

飲食店の労働時間は長いと言われます（一説では、1日平均14時間）。営業時間外も準備や片づけがありますし、それが営業時間よりも長いお店もあります。店がお休みの日でも、店主は仕込みをしていたりするものです。

大手ファストフード店などは、アルバイトが主体ですが、アルバイトが急に休んだときは、社員が埋め合わせするしかありません。社員の労働は不規則な上に残業の嵐になりますから、つぶれるのも社員からという話を聞きます。

ベルクは朝7時から夜11時まで。営業時間が長いので、大手のまねをしたらそれこそみんなもちません。うちでは短時間集中方式をとっています。スタッフの1日の平均労働時間は7時間。社員はもっと短いシフトにしています。ベルクの社員も穴埋めや最終的なフォローをしますから、シフト通りの労働時間というわけにはなかなかいきませんが、少なくともシフト上はゆとりがもてるようにしています。その代わり密度が濃い。またアルバイトスタッフも、仕事への意識が高まれば急に休むことがなくなり、社員への負担も減ります。

ベルクの狭い厨房には、スタッフが7、8人いることもあります。当初は常時3人体制でしたが、店が成長するにつれ、仕込みも増え、営業時間外の仕込みではとても間に合わなくなりました。それにつくり置きを極力しない方針に変えたので、どうしても人手が必要になる。ゴミ捨てや買い出し、誰かが休憩に入ったときも、その穴を誰かが埋めなければなりません。シフトはかなり複雑怪奇になりますが、これらは計画的にできることです。

コスト削減というと、経営者の頭にまず浮かぶのは人件費でしょう。人のコストがいちばんかかるからです。でもうちではそういう発想はないですね。人を減らせば負担が軽くなると経営者は思うでしょうが、それがサービスの低下につながり、残されたスタッフにしわ寄せがいけば、かえって店にとって負担になる。だからうちではスタッフを増やしこそすれ、減らしはしません。売上も増えこそすれ、減りはしないのです（商品力のあるセルフの飲食店はテイクアウト率も高く、店のキャパを超えて売上を伸ばすことが可能ということもあります）。

いまも新人研修が目白押しです。さすがにちょっと多いかな。でも新人は店に新鮮な空気をもたらしてくれます。

ベルクの新人の初日

新人の初日は、3時間と決めています。新人にとってはなにもかもはじめて。うちは初日から現場デビュー。いきなり舞台に立たされるようなもので、緊張しっぱなしの状態です。だから、3時間が限度なんですね。

まずやってもらうのは、「見学」と「声出し」です。

店には数々のPOPや店が発行する壁新聞、メニューが所狭しと貼ってあります。そういうものを、まだエプロンは着けずに見てもらう。メモはとらせません。覚えることよりも、なじんでもらうことが先。店の雰囲気を身体で感じてもらいます。

エプロンとバンダナを着けたら、今度は声出しです。路上でバナナのたたき売りをする感覚に近いかな。**声はいちばんの商売道具**。ベルクはなんの後ろ盾もない個人店。ほぼ裸一貫で始めました。でも、裸一貫って考えようによっては最強なんですよ。この身があればなんとかなるわけだから。声出しでその裸一貫の感覚も身につけてほしいです。**人をひきつけ、ひき込むというのは商売の原点**です。

だから、**腹式呼吸**から教えますよ。背中を伸ばして、お腹から声を出す。そうすると声も伸びます。自分も疲れない。10分もやると別人のように声が出てきます。

声出しをクリアできたらいよいよ厨房に入ります。

「おはようございます！」の挨拶をして、自己紹介。全員と顔合わせして、いちばん奥のシンクで手を洗います。人間の手がいちばん細菌がついているので、よーく洗います。

神経質すぎると思われるかもしれませんが、衛生面で気を使うというその姿勢が大事なんです。店にとって最大の敵は、ルーズになること。だから厳しく指導します。

小さな仕事に大きな意味

手を洗ったら、新人にシルバー（スプーンやフォーク）を拭いてもらいます。ふきんで拭きます。

そんなことまで指導があるの？　と思われるでしょうが、ベルクではスピードと丁寧さ（確実性）の両方が求められるので、そのためのベストな術をわたしたちは編みだしています。「自己流」はとりあえず捨ててほしいんですね。一応、まずやらせてみますが、わたしたちを越える術を会得している人はひとりもいませんでした。最終的に自分のやりやすい方法を見つけるのはいいのですが、最初からそれをやろうとしても、なかなか上達しません。

型から入るという感じです。ゆっくりとまず手の動きをつかんでもらいます。大量のシルバーが洗い上がってきます。スピーディーにやらないと間に合わない。新人はひたすらシルバー拭きに追われることになります。どんなにもたもたしても、確実性を優先します。

そこでぎこちなくなるのは、むしろ経験者の方。未経験のまっさらな新人の方が素直に型を覚えようとします。経験者は自分の癖からなかなか抜けだせない。わたしがもう一度お手本を示すと、どうやってもわたしの方が早いし、美しいですから、経験者はあせります。

どんなに小さくてささいな仕事にも意味があります。ぴかぴかに磨かれたスプーンひとつあるだけで、**店全体が輝いて見えます**。バカにしていい仕事なんてないのです。

経験者にベルク流を教える

食材の扱いも、飲食店経験者だから大丈夫だろうと思いきや、乱暴だったり、使えそうなところを捨ててしまったり。多少手の動きが早くても、食材を生かしきるという飲食の基本が身についていない。食材はモノじゃない。生き物です。そこから教えます。でも変に手慣れた経験者は、聞く耳をもたなかったりします。人間、恐れを知らなくなったらおしまいです。

経験者の多くはオーダーが落ち着いてくると、次のピーク時のためにつくり置きしたり、準備をしすぎたりしてしまう傾向があります。ベルクのような高回転の店ではとくに気がせかされます。そこをおさえるのも社員やわたしの仕事です。他店ではつくり置きは誉められることかもしれませんが、**うちでは逆に怒られる。**

そういうところに他店とはちがう「ベルク流」があるのですが、じつはわたしたちはあまりそれを意識したことがありません。

社員であれアルバイトであれ、店で働くのは店づくりに参加することと考えてもらっています。店づくりの流儀は、原理的には**どういう店を理想とするか**で決まります。キャッチフレーズ的に言えば、**「早い」「安い」「旨い」「飽きない」「きれい」「安心」**の六拍子が、新宿駅東口改札近くにある小さな飲食店の理想だとわたしたちは思っています。そのためにどうするべきか。それを考え、試行錯誤している現時点での結果が「ベルク流」なのでしょう。

言わば、必要に迫られ、自然に身につけてきた流儀です。でもアルバイトの新人さんに、いきなり店づくりの意識をもてと言う方が無理ですね。まず店の流儀に従ってもらうしかない。身体でベルクという店を覚えてもらうしかない。

仕事や人をバカにする人

本人はそのつもりはないのでしょうが、どこか自分の仕事をバカにする人がいます。しょせん、お金のための労働と割り切る気持ちもわからないではありませんが、それは（それだけじゃ）困ります。

よく「老後は飲食店でもやりたい」と話す人がいます。本人は自分の将来を漠然と語っているだけで、飲食店をバカにするつもりはないでしょうが、やれるものならやってみな、と言いたい！

飲食業は資格がなくても始められるので、誰にでも道が開かれているイメージがあります。始められるのは簡単でも、続けられるかどうかなんですけどね。「簡単」というイメージが、無意識にでも飲食業をバカにする要因になっているのかもしれません。体をはった仕事って、なぜかバカにされますね。試験がいらないから「簡単」と思ったら大間違い。作家の中上健次さんが、羽田で荷物の仕分けの仕事をされていたときのことを、肉体労働こそ知的な仕事なんだと書かれていました。わかるような気がします。そういう仕事は、頭と身体をうまく連動させてやらないと、はかどらないし、事故のもとになる。でも、「身体が資本」という意味では、どの仕事も同じですよね。

とにかく人の仕事をバカにする人は、結局自分の仕事をバカにすることになると思います。

うちのアルバイトでも、「飲食業でもやるか」という安易な気持ちで入ってくる人はいます。そこはわたしが優しくも厳しい態度でこわしてあげます。

ただ、「自分はこんなもんじゃない」という変なプライドが邪魔するのか、わたしの指導をなんとなくかわす人もいます。そういう人はそこそこ器用でも、結局伸びないし、まわりに悪影響をおよぼすので、ご遠慮願います。どんなにドジでマヌケでも、この仕事が好きでやる気のある人、また好きになろうとしてもがいている人とわたしはいっしょに働きたい。

目の前のことを精一杯やる。そこからしか道は開けません。

掃除が美味しさに通じる

わたしのいちばん古い行きつけのお店が、神楽坂にありました。「伯楽」という河豚《ふ ぐ》の名店で、２００９年の３月、店主の滝沢さんが「**10秒でできた仕事が20秒かかるようになった**」という理由（！）で45年の歴史に幕を閉じられました。

わたしにとって、１年の締めくくりはそのお店でした。１年に１回、トータルで20回以上通っていました。数自体はそう多くないのですが、忙しい時期に予約なしで入れてもらえ、注文も「いつもの」で通じるようになりましたから、わたしもそのお店の常連の一人になれたのだと思います。

大人になるにつれ、外食の幅も広がりました。が、身も心も完璧にゆだねられる店は数少なく、「伯楽」はそのひとつでした。天然の虎河豚のオーソドックスなコース料理。ただ、お刺身が他店と比べてもダントツに美味しく、お値段も相場の半額以下。やはり、素材を見る目と包丁さばきが名人クラスだったのだと思います。

くわえタバコで仕事し、口もちょっと悪かった店主に、わたしは根っからの職人気質を感じましたが、通りいっぺんな接客や目新しさを期待するお客様には、いまいち評判がよくなかったようです（でも、わたしにはたまらなく居心地がよかった）。ただ、みなさん口をそろえて言うのは「とにかく安い」でした。

店主の滝沢さんに、飲食業の大先輩として、美味しさの秘訣をうかがったことがあります。滝沢さんがあげたのは、次の二つです。一つは、（商品開発のとき）おなかをすかせて食べてはいけない。おなかがすいたらなんでも旨い、と。

もう一つは、店を清潔に保つこと。うちには、虫一匹いない。いや、洗剤や殺虫剤を使えということじゃないよ、とも念を押されました。たしかに、店をきれいにしたければ、重曹と石鹸さえあればいい。口に入れて危険なものは、わたしたちもなるべく使わないようにしています。食べ物を扱う以上、そういうものを店の中に入れたくないのですね。そういうものに頼らず、全身全霊で掃除する。

杜氏《とうじ》の仕事

「**酒造りは、造り半分、掃除半分**」という言葉があります。みんなに手順を指図して、自分は箒《ほうき》とちりとりをもって蔵内をまわる。それが日本酒における杜氏の仕事だ、という話を聞いたことがあります。まるでうちの店長みたいと思いました。

ベルクの店長も、みんなより1時間早く朝の5時に店に入ります。やるのは、仕込みでなく掃除です。フランスのある三ツ星レストランの経営者もやはり自分の主な仕事は掃除だ、と言っていました。掃除は、誰にでもできる、簡単で地味な仕事と思われがちなので、スポットライトは当たりにくいですが、じつは奥の深い仕事なのです。

わたしの知り合いに、自分の時間を確保するため、一流企業を辞め、時間給の清掃員になった写真家がいます。彼はしばらくして、掃除というのはいままでやっていた仕事よりずっと高度だ、と話してくれました。そういうものかもしれないと思いました。

店を見苦しくなくきれいに（整理）するのは、お客様へのサービスであると同時に、自分たちの気持ちを引き締めることにもなります。新人に百の言葉を並べるよりも効果的です。乱れた職場では、気持ちもすさみやすい。美味しいものをつくるには、気持ちも大事です。気持ちのいい環境がまず条件なのです。

一時期、「汚い店ほど隠れた名店」と言われたことがありますが、「汚い」という表現があいまいすぎます。それは「不潔」ではありません。真新しくてピカピカではないのを「汚い」と言っているだけです。「年季が入った」とか「しぶい」と言った方がふさわしいでしょう。そりゃ長く続いているほど名店の可能性が高いですものね。

掃除で店の流れをつくる

なぜ経営者や杜氏、店長が掃除するのか？　いちばん下っ端の仕事ではないのか？とお思いの方もいるでしょう。うちも、新人にまずやらせるのは掃除です。でも、それは誰にでもできる簡単な仕事だからではありません。誰もがやるべき重要な仕事だからです。

ただ、掃除は義務的にやるだけではなかなか上達しません。**意識の高さがいちばん求められます**。トップの意識が高いのは当然でしょう。だから掃除向きなんです。気持ちのいい空間をつくるのが掃除本来の目的です。そういう意味では、創造性が求められます。不思議なもので、隅々や見えないところまで掃除が行き届いていると、空気がすーっとします。壁や床にとれない傷や染みがあっても、輝くべきものが輝き、収まるべきものが収まるべき所に収まっていれば、それらは味になり**「年季の入った**

店」になります。

「伯楽」の滝沢さんが、虫一匹いないことを自慢していましたが、それは店全体に神経が行き届いているという意味です。もちろん、うちにも、虫一匹、ネズミ一匹いません。外にはいっぱいいるので、完全に侵入を防ぐのはむずかしいですが、巣をつくられさえしなければ、常時いることにはなりません。

それには、店のレイアウト（配置）から考えなければなりません。そこからもう掃除は始まっています。食べ物の細かなくずが入り込む隙間があると、巣をつくられます。厨房機器の下の隙間なども、こまめにお湯を流すなどして、ゴミをためないことです。

思い出横丁を朝早く歩くと、営業前のお店の店主たちが、厨房機器のフィルター掃除をしている光景をよく目にします。厨房機器は、お店の大事な仕事道具です。いわば心臓部。うまく機能しなければ困ります。

機械だけではありません。**店にはさまざまな流れ**があります。客の流れ、スタッフの流れ、水の流れ、空気の流れ。それらを滞りなくスムーズにいかせるのが掃除です。非常に細かいものから大掛かりなものまであります。それらを怠らずやれば、仕事ははかどり、虫は寄りつきません。

最後に、店長の井野に掃除や店の環境づくりについて一言語ってもらいましょう。

「掃除は毎日ローテンションを組んでこまめにやれば、業者さんに頼まなくてもそんなに大ごとにはならないですよ。自分でやったほうが、店全体をくまなくチェックすることにもなりますしね。テーブルやイスのネジがゆるんでいるのに気づかないでいると、突然壊れたりするから危険なんです。

ベルクは開店当初と比べると客数が7、8倍に増えました。それになかなか追いつけないのが換気です。

もし次に店をやるとしたら、まずチェックするのは水回りと換気でしょうね」

15坪という逆境が生んだ知恵と工夫

ロスが出ないこと

「ベルクは200種類近くもメニューがあって、ロスはどうされていますか」とよく質問されます。ロスがあるのを前提に聞かれるのです。

「ロスは出ません」とお答えすると、みなさんびっくりします。

お店の経営者がABC分析（という管理手法があるのです）をして、数の出ない商品から削っていくのは、ロスを恐れるから。売れ残ったら、それはそのままお店の損失になります。

逆に、ロスが出なければ、削る必要は必ずしもない。商品のアイテム数が増えると、荷物で場所がとられるし、手間が増えるし、その上ロスが出やすいので効率が悪いと言われます。ただ、ある程度の品揃えは店の魅力につながります。数が出なくても**店の価値を高める商品**もある。そこをまず見極める必要があります。

では、ロスを出さないためにはどうすればいいかというと、飲食店の場合、食材を全部使い切ればいいのです！　他のメニューに使いまわすこともできますし、うちではこまめなスタンバイと、こまめな注文を心がけています。それで微調整がきくのです。早め早めに仕込んだり、注文をパターン化してしまうと、食材が腐ったり、余ったりしてロスが出やすくなります。

ベルクでやっていることを実際に見ていきましょう。

ベルクには保存料に頼った食材は少ないので、どれも基本的に日もちしません。とくに開封したら、すぐ使い切らなければなりません。ソーセージやハム、パテは常温で2時間。冷蔵でも1日が限度。パンも初日と翌日では味と食感が変わります。3日すぎると劣化してきます。野菜は新鮮なものがいいに決まってる。

それからコーヒー豆が生鮮食品であるということに飲食店ですら無頓着なところがあります。だから酸化したコーヒーを平気で出すのです（それで胃をやられる。新鮮なコーヒーは、むしろ薬になるんだよ）。ただうちでは試行錯誤の上、コーヒーと自然卵は、新鮮なものを少〜し寝かせます（そのほうが美味しいのです）。

気温や天候も考え、発注は毎日

業者さんへの発注は毎日やります。毎日、現物を見て、数を数えて注文します。

よく業者さんに、「ベルクさんは注文の数が半端じゃないけど、一定しているね」と言われます。倉庫があって、まとめてどかんと頼めれば楽でしょうが、保存のきかない食材ばかりですし、ストック場所も非常に限られています。だからこまめに注文するしかないんですね（それをうちと取引する条件にさせてもらっています）。

業者さんの言うように、うちは一定している方なのでしょうが、それでも天候や曜日、季節などによって変化します。

そうした変化の予測は毎日やることで自然と見えてきます。

注文するついでに棚の整理もします。スタッフはお客様優先にせわしく動くので、どうしても棚の状態が乱れがち。それは発注者がフォローすればいい。

わたしが注文に神経を使うようになったきっかけは、コーヒーでした。

職人の久野さんが、ベルクのために調合し、焙煎し、挽いたコーヒー豆を毎日配達してくれます。ブレンドは10キロ以上出る日もあります（普通の喫茶店の1週間分?）。真夏でも、3キロ以下という日はありません。

久野さんははじめ、新鮮な豆をいちはやく届けるという考えでした。ところが、コーヒーの味にもう少しコクがほしいという話をするうちに、「ちょっと寝かせてみよう」ということになり、それが当たりだったのです。その寝かせる時間も考えて、注文するようになりました。

なんて書くとすごいことみたいですが、毎日やっていればカンがつきます。コーヒー棚の扉をぱっと開けた瞬間、なんとなく数字が浮かびます。念のため、計算しますけど。

計算の単位も、**単純に個数じゃありません**。というか、野菜なんて、同じ1個でも、それぞれ大きさや状態がちがいますね。そこまで見て、数えるということです。

文庫本1冊でも危険

ストック場所も限られているので、なおさら知恵をしぼることになります。ホールと厨房合わせて15坪しかない店に、毎日1500人分の食材や食器、テイクアウト用品が収められているのです。

収納はパズルのようです。倉庫＝お店なので、さまざまな場所に棚をつくり、冷蔵ケースを用意し、すきまを利用して、出し入れのしやすさも考え、縦のものを横に横のものを縦にしながら収納していきます。

店長はベルクをやるようになってから、物事を立体的に考えるようになったと言っています。角をいかに有効に使うかとか、奥行きはいくつあるとか（それまで店長にとっては世界は漠然と平面だったんでしょうか？）。

そして、この非常に限られたスペースの中でわたしたちは仕事も食事もミーティングも一服もします。ソファもテーブルもショーケースも看板も、お客様へのサービスと宣伝に使いながら、店の収納場所や休憩場所にもなる。つまり、ひとつの物がいくつもの役目を兼ねています。狭いながらの知恵と言えますが、なぜかそういうスペースって掃除さえ行き届いていれば、（お客様にとっても）妙に落ち着くんですね。それもまた独特の雰囲気になっているのかもしれない。

ただ、そこにひとつでも余計なものが加わると、うちの場合ギリギリの面積ですから、おかしなことになります。

余計なものとは、当然、普通の店には倉庫や別室があると思い、お客様や業者さんはわりと気軽に「とりあえず、預っといて」と言って物を置いていこうとされるのです。それを、もしなんの準備もなく受け取ったら、慌ただしいなか、とっさになにかをどこかにどかしたりずらしたりすることになります。結局、ものが見つからなくなったり、ゴミにされたりと歯車に狂いが生じてくるのです。文庫本1冊を置いておいてくれと言われるのすら危険です。

ベルクの厨房は、まるで宇宙船のようだねとお客様に言われたことがあります。たしかにここには、ベルクにとって必要なあらゆるものが揃っています。

ベルク自体が宇宙を旅する船。お客様にも極上の宇宙の旅を味わっていただきたい。

「どうぞ」という誇らしげな気持ち

つくり置きはほとんどしません。そんなスペースもありません。その場で冷蔵庫から出して、その場でつくる。じつは案外そんな理由でロスが出ないのですね。

唯一ロスが出る確率が高いのが、スタッフによるオーダーミス。これはまあ気をつけてもらうしかありません。

じつはもうひとつ、食材を捨てることがあります。それはお客様の食べ残しです。同じものばかり残されて戻ってきたら、商品になにか問題があるのでは？　と気になるでしょうが、うちは食べ残しも少ないほうです。

ただバターとか丸々残っていると、つい、一言言ってくだされば と声に出してしまいます。バターだって、戻ってきたものはすべて捨てますよ、もちろん。いくら高価で、もったいないといっても。それは絶対です。食べ残しを使いまわしするなんて嫌ですよね。店によっては、こっそりやっているなんて話も聞きます。少しでもコストを下げようという計算からかも知れませんが、これをやってしまうと、**おもてなしする方の気分がすさみます**。商品提供の際の「どうぞ」というあの誇らしげな気持ちを失いたくないのです。

禁煙か分煙か

いま、店で頭を痛めているのは、タバコです。

ちなみに、うちへのクレームでもっとも多いのは「狭い（混んでて入れない）」です。ただ、営業面積の限界は、いまさらどうしようもない。この狭さがかえって落ち着くかもしれないし、どんなに混んでいても不思議とうちはどこかすきまができます。それも店の個性と思っていただけたらありがたいです。

そして2番目に多いクレームが、そうです、タバコの煙です。

せっかく食材にこだわっていても、煙ですべてパーだと言われたこともあります。いまはどのお店も禁煙席がありますし、全面禁煙のお店も増えました。

タバコは血流に悪影響をおよぼすので、あまりおすすめできるものではありませんが、わたしにとってはスナック菓子と同様、いけないとわかっていながらやめようとは思わない嗜好品の一つです。滅多に口にしないものの、唐突に「ここで一服」という瞬間が訪れる。吸わなきゃ吸わないでいられるものの、「全席禁煙」だと、はじめからその瞬間が奪われてしまうので、なんとなくがっかりなんです。

自然食レストランの不思議

自然食レストランのような食材にこだわっているお店に、禁煙席をもうけないお店が意外とあります。明らかに時代の流れに逆らっているわけですし、なにかポリシーがおありなのかもしれません（自然食品を扱うこと自体、明確なポリシーをおもちなんですが）。

ある自然食志向のお店では、当店では禁煙席をご用意していませんが、タバコをお吸いでしたら**お隣の方の確認をとってからお願いします**、とただし書きがありました。お隣に一言あるかないか。このちがいはとてつもなく大きい。

マナーと法律

うちもタバコを吸われようがなにされようが、基本的にお客様のエチケットとマナーにゆだねる姿勢でやってきました。それがうち独特の**自由で和やかな雰囲気**につながっているところもあるんじゃないか、と。そして、なにかトラブルがあった場合のみ、店で対処させていただこうと。

「吸っていいですか？」と聞かれても、断りにくいというのはあるでしょう。実際に聞かれたら「まあいいか」と許せるかもしれないし、それでも嫌だったらご遠慮願えばいいとわたしは思います。それに聞かなきゃならないとなれば、聞く方も勇気がいるでしょう。本当に自分は吸いたいのか、自問自答するかも。惰性で吸うことはなくなるかもしれません。お隣どうしのちょっとした気遣いで、解決することもなくはないとは思うのです。ただ、煙自体は気遣いしませんからねえ。

うちの店長も、気持ちとしては禁煙席というのはつくりたくない、それは白人席と黒人席を分ける発想にどこか通じる、とつねづね言っています。それは理想といえば理想ですけれど、現実問題として、そこに煙がからんでくると一筋縄ではいきません。

たしかに、店の管理責任が問われる面もあるのです。うちも、禁煙ムードが高まる以前に、大型の空気清浄機を2台天井に備えつけました。時間限定で禁煙席をもうけたりもしています。ただ、最近は駅自体が全面禁煙になったため、喫煙者がうちに殺到するようになったのです。はからずも、うちが駅の分煙に協力する形になりました。でも、こんな小さな店で駅の喫煙を一手に引き受けるのは、荷が重すぎ。悲鳴をあげたのはうちのスタッフたちです。夜のピーク時は、厨房まで煙がたちこめる事態になりました。ついに今年の春から、朝11時から夜11時まで、分煙させていただくことになりました。それで一時的に客数や売上に影響が出たとしても、やむをえない判断でした。

ただ、なにかと法律を盾におっしゃる方がいます。お上が決めたことだぞ！　と……なぜかお客様ではなく、通行人と名のる方が、わたしたちに直接でなく、ビルを通して間接的におっしゃるのですが。日本は単一民族と思いこまれているせいか、なんでも一元化して、法律も国民を縛るルールと思われがち。でも、「健康増進法」はそこまで店を縛るものではありません。

なにより優先されるべきなのは、お客様ひとりひとりのちょっとした気遣い、つまりエチケットやマナーだとわたしは思います。なにかトラブルがあって、当事者どうしで解決できない場合のみ、法律が切り札として使われるのです。

店では、まずわたしたちスタッフがその役割を担います。分煙は、あくまでもお客様のご理解とご協力の上に成り立つものです。健康のことはお上が決めることではありません。

第2章

職人さんと「味」でつながる
——三大職人の仕事術

町の天才を探そう!

食材の仕入れルート

お店を開こうと思ったら、参考になる本はいっぱいあります。経営や経理、商品開発、メニューづくり、内装デザイン、接客などなど。でも、物件や仕入れに関する本は意外とありません。このふたつは、初心者にとっていちばん閉ざされた情報かも? どちらも自分の足で探す覚悟が必要です。不動産屋さんも仕入れ業者さんも、初心者と聞いただけで不安になります。なかなかスムーズにはいかないのです。

わたしたちの場合、すでにあったお店を改造して始めたので、物件探しの苦労は知らずにすみました。それだけでもラッキーです。でも仕入れに関しては思うようにいかないところもありました。業務用と言っても売りものなんだから、お金を払えば手に入るっしょ? という消費者感覚が抜けきれず、簡単には売ってもらえない状況に戸惑ったのです。

聞けば、業者さんもさんざん痛い目にあっていて、やむをえないんですね。新しいお店に食材を卸しても毎回支払いがあるとは限らず、いつの間にか閉店して連絡が途絶えた、なんてこともよくあるそうです。そりゃ、目先のお金より信頼が優先しますよ。

いきなりお店を始めるのにフランチャイズが絶対有利なのは、食材の仕入れルートが最初から確保されるからです。その後、自分で新たに開拓することはたぶん許されませんが（**開拓こそが店づくりの醍醐味**なのですが）、食材からなにからなにまですべてそろいます。すぐお店が始められるのです。

たとえ店主が素人同然でも、看板が有名なら業者さんは信頼してくれるのです。

信頼と看板

個人経営の場合もそれは言えます。こんな話があります。ノレン分けってありますね。スタッフ（弟子）が独立してお店を始めるとき、店主がその人にお店の看板を譲ったり、店名の使用を認めたりすることです。やはり信頼性の高い看板（店名）なら、お客様もすぐつくし、業者さんもすぐ取引してくれます。でも、もし経営が行き詰まって、業者さんへの支払いが不能になったら……。看板を譲った本家の店主にも、支払い義務が生じるのです。経営上、完全に独立していてもそうです。実際、そういう判例がいくつもある。業者さんは、その店主でなく看板（店名）を信頼して食材を卸したからです。縁は切れても、店名を譲った責任は消えない。そのくらいお店の看板のもつ意味は大きい。

いまでこそわたしもそれが身にしみてわかりますが、始めたばかりのころは店名なんて二の次。ないよりあったほうがまし？　くらいの認識でした。いまは「ベルク」以外考えられないですけどね。当初は「ベルク」なんて誰も知らないし、新しい取引先にはこちらから頭を下げてお願いする感じはありました。信頼関係も実績もないわたしたちの武器は、当たって砕けろ的チャレンジ精神と情熱しかなかったのです。だからかえって、いちばん手ごわい存在ともいえる「頑固」な職人ともお付き合いできるようになったのかもしれません。情熱で押し倒しちゃいましたもん。

とは言え、わたしたちも最初はコンサルタントの紹介で飲食店専門の仕入れ業者さんのお世話になったのです。主要な食材からサランラップまで、ありとあらゆるものが揃うので便利でした。そうなんです。じつはフランチャイズでなくても、実績のあるコンサルタントに相談すれば、とりあえず仕入れルートはなんとかなります。どちらもお金はかかりますけれど、束縛されたくなければ断然コンサルタントでしょう。

餅は餅屋

「餅は餅屋」という言葉がずっとわたしの頭の中にありました。やっぱりコーヒーはコーヒー屋さんから、パンはパン屋さんから仕入れたかった。仕入れ業者（問屋）さんを通さずに個々のメーカーから直に卸してもらえれば、もちろん食材費は下がります。でもわたしが思っていたのは、**もっといい食材はないかということ**です。お店に卸しているかいないか、メーカー（企業）か個人かなんてどうでもいい。最高の食材さえ扱わせてもらえれば。

でも仮りに腕の立つすばらしい職人が見つかったとしても、どう話をつけるかですね。ここからはコンサルタントの力もおよばない。

「手ごわい」とわたしが言ったのも、なんの前触れもなく、いきなり相手のふところに飛び込めば、相手の警戒心も当然マックスになるからです。おそらくそこでどんなに札束を積んでも、（有名な）お店の名前をふりかざしても、彼らは動じないでしょう。それよりも、こいつにまかせられるか？　と思うはずです。自分の手がけた食材がどう扱われるか。それがいちばん気になるでしょうから。技術はともかく、愛情という点ではわたしたちはどこにも負けない自信がありました。もうあとは心をこめて口説くしかありません。それにおたがいなんの後ろ盾もない一匹狼同士です。そういう意味では一対一で対等です。

個人店同士のネットワーク

ベルクの食材の三大柱であるコーヒーとパン、ソーセージはどれも職人の手づくりです。わたしたちは、彼らのことをよく「うちの職人」と誇らしげによびます。それを聞いた人は、ベルクで職人さんを雇っているんだと思うでしょうね。でもじつは先ほども書きましたように、みなさん、それぞれお店をもつ経営者です。コーヒー屋さん、パン屋さん、ソーセージ屋さんの御主人です。ベルクというカフェは、そうした個人店同士のネットワークで成り立っています。

でもメディアの取材を受けると、そこがまず伝わりにくいようです。雇用関係にないのなら、あとは企業と下請けという構図しか思い浮かばない。でも、職人もうちも企業じゃないし、どの企業にも属していません。それがそもそもわかりにくいのかな。

考えてみれば、昔の商店街では当たり前のようにあった関係です。「うちの職人」のなかでは、商店街で機能しているのはパン屋さんだけですが、いまでも近所の肉屋さんと商品を共同開発したりするそうです。うちと職人さんの関係もある意味それに近い。感覚的にはお隣どうしなんです。

たしかにベルクは、新宿駅の構内という職人たちにとっても腕の試しがいのある場所にあります。いわばひのき舞台。そうでなければ、素人同然のわたしたちは相手にされなかったかもしれません。ただ、今回の職人さんインタビューで必ずしもそうではないことも判明しました。彼らは新宿駅という場所にも動じなかった。本当にわたしたちの「情熱」に負けたそうです。

ベルクと職人の関係が商店街とちがうのは、たまたまお隣どうしだったわけではなく、わたしたちにしてみれば彼らを**探して見つけた**というところでしょう。有名店を食べ歩いたわけでもなく、出会いそのものは偶然で、運に助けられたとしか言いようがありません。でも、美味しいコーヒー！　美味しいパン！　美味しいソーセージ！　とずっと念じていたからつかめた運です。

こんな天才たちが町の中に埋もれていたの？　と聞かれることもあります。信じるべきは、味。自分たち自身の味覚でした。

天才とは

わたしの実感でいえば、天才はどの町にもいるんですよ。天才的な技と心をもつ職人は、すぐお隣に人知れず埋もれているかもしれません。発掘のしがいがありますね。

天才だから有名になるとは限りません。

有名になるにはなんらかの権威づけやタイミング、運も必要ですから。権威を極端に嫌う天才もいるでしょう。運に恵まれない天才もいるでしょう。だから人知れず死んでゆく天才がいても不思議ではありません。ただ、天才とは、文字通り天から授かった才能です。それはご本人がいちばんよくわかっていると思う。この才能は自分だけのものじゃない、自分のなかにだけしまっていてはいけない（もったいない）という使命感みたいなものとして自覚されている気がするんです。だからなんらかのアクションは起こしているでしょう。たとえ空回りしているとしても。

身近なところにもきっと天才はいます。若い人は天才＝有名という思い込みがあるでしょう。とくに近代は複製芸術の時代、絵にしろ音楽にしろ文学にしろ、天才の仕事は万人が共有するものになりました。そのため、天才＝有名という図式が成り立ちやすくなりましたが、世の中には複製不能な技（アート）もあるのです。料理もそのひとつ。

もちろん、現代は情報の時代でもあります。口コミだけでなく、メディアにのって有名になる料理人もいます。ただ、それこそ情報のみで名を売るには、権威と時流が大きく影響します。形として残るアートなら、たとえ情報にすぐのらなくても、その作品そのものがもつ力で作者の名前とともに時と場所を超え歴史に刻まれる可能性がありますでも、料理はその場限りのもの（長い年月をかけて熟成されるものもありますが）。しかもプロアマ問わず、非常に間口の広い世界です。権威や時流に関係なく、**無名の天才があちこちに潜んでいる**確率が高いのです。

……でも、どんな天才も、世に出なければ、その才能はなかなか磨かれたり開花したりしません。宝のもち腐れってやつですね。やはり、天才ならではの大仕事を達成するには、ある程度数もこなさなければならないし、元手がかかる。埋もれた天才（金の卵）を見つけ、プロデュースする人も必要なんです。それはもう出会いとしか言いようがない。またそういう場をいかにつくるかというのも、あらゆる分野において重要な課題だと思います。

パン職人
高橋康弘さん

高橋康弘《たかはしやすひろ》

1956年東京都生まれ。東新宿まねき通りの小さなパン屋「峰《みね》屋《や》」主人。新宿を中心に都内レストラン、カフェ200店近くにパンを卸す。趣味もパン。

パン職人の哲学

高橋さんには無理なお願いをしたことがあります。

高橋さんは、ベルクの三代目パン屋さんなんです。初代も、二代目も、事業拡大とともに製造がオートメーション化し、手づくりの風味が失われたのです。代わりを探すことになったものの、同じ味はもうない。職人の味って、それぞれ独自にあるので。高橋さんには高橋さんの味がある。使っている酵母からしてちがいますから。

二代目はどちらかというとそれだけで完結した味でした。高橋さんには「**具材を引き立てるためのパン**」というポリシーがあって、実際、高橋さんのパンは天然酵母の優しく包み込むような味わいです。うちとしては願ってもないことでした。だからもう完全におまかせするつもりでした。

ただ困ったのが、高橋さんの参入はベルクのメインメニューがすでにできあがった後だったので、どうしても先代の穴を埋める形にならざるをえなかったことです。しばらく二代目と高橋さんの二本立てを続け、徐々に切り替えました。そして最後の難関が黒パンとドッグパンでした。

どちらも高橋さんがあまり手をつけていない分野でした。だから不得意かと言うとそうじゃなく、むしろ実験精神が刺激されたのか、独創的な試作品がいくつも生まれました。仕事の頭を外せば、どれもすばらしいパンでした。

でもドッグはベルクのお客様のあいだでいちばん定着しているフードメニューです。そのイメージからあまりかけ離れるわけにもいかない。そこでいったん、二代目ドッグパンの味や食感をなぞるようお願いしてしまったのです。

考えてみれば、これは職人にとって屈辱的な注文でした。自分の味で勝負する職人に、ほかの職人の味の真似をしろと言っているのですから。でも高橋さんは見事にそれにこたえてくれました。むしろ職人の、いえ高橋さんの底力を見せつけられた感じです。そのときの話をいまも高橋さんとよくします。「自分にとってもいい経験だった」と高橋さんは言ってくれます。申し訳ないと思いつつ救われます。

高橋さんの工房は新宿でご近所です。ご本人もよく配達で来てくれて、店先でパン談義に花を咲かせることもあります。このインタビューもその延長でやろうと思いました。ところがわざわざ時間をつくり工房におじゃまして話したら、おたがい固まっちゃって、いつものように盛り上がらない。というわけで、後半はいつもの店先でやりました。

迫川　峰屋さんはオープンされてもう何年ですか？

高橋　30年です。でも、それはたまたまつくらされてきたのかなって。で、やってみて、なんとなく「ああ、やってきたんだな」と思えるのがここ10年なんじゃないかなということだよね。それまでは、「パンなんか簡単だ」と思いながらやってきたところもあるんですよ。よく言われることだけど、3年ぐらいで天狗になるってね。あとで考えてみると、そのころにつくったパンを、タイムマシンに乗って食べてみたいなと思うんですよ。これまで積み重ねてきて、自分にとって基本だなと思うことに対して忠実にいようとは思っているんだけど、その基本というのが、どの程度の基本だったのかなと思うんですよ。いま思っている自分のなかの基本とはちがうものじゃないのかなとかね。

わたしは4年ちょっとぐらいで独立したんですよ。先輩師匠が「お前ちょっと早いけど、やってみろ」ってね。

町の乾物屋が出発点

高橋　お店は親の乾物屋の店をたたんでもらって、そこでやりました。親は白菜だとか佃煮だとか豆腐だとか、昔ながらの店をやっててね。だけど、昔の乾物屋というのは、いまで言うベルクみたいなものですよ。うどん屋さんはうどん屋さんで卸しにくるんです。小さな町工場みたいなうどん屋さんがね。海苔屋は海苔屋だし、味噌屋は味噌屋。だから、同じように乾物屋があっても、あっちの乾物屋のほうが味噌は美味しいだとか、**ちがいがあるんですよ**。いまみたいにスーパーで同じものを仕入れてくるのとはちがったんですよね。子どものころ、そういうのを見て、商売っていいものだなと思いはしましたけど、そのうちでかいスーパーができてきてね。スーパーの流通ではうちみたいな小さいところは負けちゃうんですよ。値段と、**その時代の迫力みたいなものに。**ひとつのところで安かろうでやられると、そういうのはいまでこそ当たり前で飽きられているのかもしれないけど、そのころはそうした流通が始まった時代ですからね。時代の波がわぁ〜と。で、スーパーなどの大型店の一ヶ所でプライスダウンした価格で買えるという時代ですから、もろに呑まれてしまいましたよね。そういうのを見てると、手に職をつけるというか、光るものをもたないとダメだなと。それで修業に行ったんですけど。子どものときですよ。小学校の4年生ぐらいのときには、寿司屋になろうかなと思ってました。それは、うちの前が寿司屋だったというのもあって、そこの小僧さんが、休みのたびにどこかに連れて行ってくれるんですね。で、その小僧さんが手づくりのよさとか、そういう話をしてくれるわけですよ。そうすると子どもながらに「手に職をつけたいな」って気にもなりますよね。

迫川　親からではなくて、高橋さん自身が思いはじめたことなんですね。

個人店の弱さを見てきた

高橋　やっぱり、出会いですね。もちろん、うちの環境もありますけどね。結局、大きいところにだんだん負けてくる弱さみたいなものがあるでしょう。

なんかしら、てんぷらでもなんでもいいから、なにかひとつでも残しておけば、乾物屋はそのままやれたと思うんですよ。おふくろはてんぷらを自分で揚げてましたからね。評判もよかったらしいですし。だけど、大変だからやめちゃうとかね（笑）。それはないでしょう。そのときは子どももちっちゃいからね。だから、楽な方向に行っちゃったみたいだけど、それだったらそれなりに、色々と調べればいいんだけど、そういうこともしないで、よそと変わらないものを売ってたら、やっぱり**自然と負けちゃいますよ。**

井野　シビアに見られてたんですね。

高橋　うん。大きいところには負けちゃうなって、それは子どものときに感じたから。うちの親のいいところは、子どもに隠さないとこ。わたしは長男で、妹がふたりでね。男はわたしがひとりだったから、そういうところは隠さないんですよ。売り上げも内情も、子どもながらに全部見えてたからね。そういう意味では、はっきり言ってマセてたね。すごいマセてたと思う。おまけに、前の寿司屋の小僧さんが、色んなところに連れてってくれるでしょ。そういうときに、自分で握ることの喜びとか、いい話をしてくれるんですよ。だから、小学校を卒業するときは、作文で「でっかい寿司屋をつくりたい」って書いてましたからね（笑）。

で、高校のときに柔道やってて、ひざを壊してね。で、靭帯を切ったから、東洋医学の鍼灸の世話になったんだけど、鍼灸もおもしろいなと思いましたね。なんせ、自分に技術をつけたい、ということだから。それで、**鍼灸をやろうか、パン屋をやろうかと考えた**んですけど、うちの店でも最後のほうはヤマザキパンとかを売ってたんですね。だから、そうなると、鍼灸はあまりにも畑がちがいすぎるんで、自家製のパン屋をやろうかなと思って。で、高校を卒業したら修業に行こうと思ってたんですけど、うちの親が相手にしてくれないものでね。高校が付属で、大学に行けるだけの推薦の枠は充分にあったから、せっかくだから大学に行ってこいよって話になって行ったんですけどね。で、卒業になって、証券会社の営業もおもしろいなとか考えたけど。でも、「証券会社の営業なんて孤独だよ」っていう話でね。どこまでいっても自分ひとりで営業していく世界だから、それに耐えるのは大変だよって。同期で、そこそこ大きい証券会社に入ったやつが何人もいるんだけど、みんなすぐ辞めましたね。だから、そこは行かなくてよかったかなと思いますね。たまたま商学部だったから、ちょっと興味もあったかなという程度の話で。

それで卒業したんだけど、その前の4年生の途中からパン屋のバイトしはじめてたんですよ。それで、親にパン屋のほうへ行きたいって話をしたら、「わかった」と。だから、新卒と同時に、パン屋へ修業ですね。そこからずっとパン屋です。

＊

高橋　それで、3年目ぐらいで生意気なこと言ってね。最初思ってたのは、3年終わったら、料理もやって、ケーキもやって、もう一回パン屋に戻ろうと思ってね。それぐらいでいいやと思ってた。あと、外国にも行って、戻ってきてからお店を出せばいいやっていう気持ちもあったんですよ。だけど、ひょうたんっていう居酒屋があって、そこん家の子どもが友だちだったんですね。で、そいつはそこでバイトしてたんだけど、3年目のとき、そこで話してたの。3年もパン屋をやって、少しできるようになってきたから、ちがう仕事を考えてるんだけどって。そしたらそこの親方みたいなのが、「お前、それは逃げてねえか」って言われてね。それで、自問自答してみて、それは最初から思ってたことだから逃げてはないんだけど、とも思ったんだけど、そんなに**パンの世界は浅いものでもないだろうな**と思ったのも事実で、それで歳を考えてみても、わたしの先輩がみんな年下なんですよ。そのころは、みんな高卒や中卒でパン屋に小僧として入ってますから。だから、そんな感じでやっていくことから「逃げてる気がしないでもない」と。逃げてるというとおかしいけど、そういうものではないかもしれない、というかね。やっぱりもうちょっとがんばんなきゃいけないんだなと思って。

動物パン

迫川　最初から手は器用でしたか。

高橋　全然器用じゃないですよ。ペットボトルのビニールはがすのにひと苦労（笑）。わたしのことを知ってる人は、みんな不器用だって言ってますよ。

高橋　ただ、動物パンみたいなのは、イメージが浮かぶから。絵がうまいかって言われれば、絵もうまくないし、わたしは、きっちりきれいなものをつくろうと思っても、つくれないんですよ。ただ、洒落心は、自分ではあるつもりなんです。だから、なんとなく洒落心みたいなのと頭の中がマッチしてくれるんじゃないですかね。

パンは発酵してくれるでしょう。だから、そのまんまできっちり出るんじゃなくて、思惑のなかでふくらんでくれて、焼き上がると自然ときれいなものになるじゃない？　パンの技術はもってるから、できあがりのイメージは湧くんです。だから、こういうふうにつくれるな、って予想がつくというか。

迫川　たしかにパンは焼くから、できあがりの姿は変わるもんね。

高橋　そう。西武のパン教室で女の子につくらせると、みんなすごい時間かけてつくり込むの。「そんなにやっても、発酵したらみんななくなるよ」って言っても、一所懸命細かいことをやってるから。だから、細かい作業という面では、そういう人には勝てないですよ。ただ、それだとおもしろみがないですよね。絵じゃないけどさ、ルネッサンスのころに、写真に代わるような絵って、確立されちゃったでしょう。だけど本当におもしろいのは、写真に置き換わるような正確な絵ではなくて、またちがうところにあると思うんですね。わたしはそんな絵がわかるような人間じゃないから、生意気なことを言ってますけど（笑）。おもしろいものっていうのは、そのなかに考える余地があるもののほうがいいなと思いますね。だから、そういう意味では動物パンというのは、自分のなかではおもしろいかなと。それと、自分の技術ですね。パンがどうやって変身してくれるか予想がつくのは、僕の強みです。だから、さっき言ったように、「ここまでしなくても、このへんでとめたほうがいい」っていう場合もありますから。

迫川　頭がきのこみたいなイカくんがいたじゃないですか。すごい生きてるみたいですもんね。

高橋　あれだって、そんなに時間はかかっ

てないんですよ。イメージはつくる前にできてて、実際つくりだすと5分ぐらい。だけど、誰かにやらせると30〜40分ぐらいかかりますね。あんまり長時間ぐちゅぐちゅやってても、パン生地が死んじゃう。そういえば、うちの子どもが小学校のときに、「お化け屋敷」という題名で絵を描いたんだ。ベネトンみたいな色使いで、オリンピックのマークみたいな火の玉を描いてるんだけど、発表会があって、ほかの子はもっとお化け屋敷らしいのを描いてるのに、うちのだけ手を抜いてると思ってさ。「**この野郎！**」と思って、家に帰ってから怒鳴ってやったの。みんな一所懸命描いてるのに、お前のはなんなんだって。じつはちょっといいなとは思ってたんだけどね（笑）、頭の半分では。だけど、親としては、描く努力をしてないと思ったから腹立ったんですね。だけど、それから1週間ぐらいして「お父さんはあの絵を怒ったけど、朝礼で校長先生にほめられたんだよ」って言われてね。さらには、「僕の絵は描くのは10分で終わるかもしれないけど、描く前に頭の中では3時間ぐらい考えてるんだよ」って。それを言われたときには参ったなと思った。

迫川　さすが（笑）。親子ですね！

人を使うこと

高橋　商売はなんでもそうだけど、人を使うのがいちばん大変だよね。ベルクさんも同じだけど、血縁だけじゃあ、動かせないですからね。ベルクさんは兄弟が3人いるから……それをうまくやっていくこと自体が、半端じゃなく大変なことですよ。そこには、血縁以外の水の縁の人もいなきゃ、やっていけないことなんだから。だから出会いは大切にしていきたいし、人を大切にする気持ちはもっていたいなって。

迫川　峰屋さんと出会ったこと自体がうちらにとっては縁だし。

高橋　本当に色んなことで思うけど、人と出会うことは大変なことだと思う。みんながみんな明るい人間じゃないし、暗い人間だっているでしょう。で、暗い人間の話を聞いてると、こっちも暗くなってくるし、けっこう影響受けるんですよ。そうすると、自分まで落ち込んできちゃって、おれが背負い込む話じゃないと思っていても、いっしょに暗くなってくるような感じでね。別に、自分の息子、娘でもないのになと思ったりもするんだけど。

井野　それはすごくわかります。うちのスタッフも、自分の子どもたちみたいな感じですから。

発酵との出会い

井野　峰屋さんをベルクと引き合わせてくれたのが、写真家なんですよ。うちで働いてた朝のスタッフなんですけど、飲み歩いてるから、朝起きられないんですよ。起きられないくせに朝働きたいって言って。で、何度トライしてもダメで、結局辞めたんですけど、**最後に峰屋さんを見つけてくれた**んです。

高橋　そういう人のジョイントがあってベルクさんにお世話にもなることができて、本当に成長させてもらってますよ。

迫川　前のパン屋さんがだめになって、東京中のパンを食べたんだけど、そういうときにいいパンがあるってことで。写真家だから、このまねき通りで写真を撮ってたら見つけたみたいで、おみやげでパンをもってきてくれたんですよ。最初にクリームパンを食べたんですけど、そのときはすごい優しいパンだなって思ったんですね。で、そのあと、自分で行ってみようと思って、来たんですけど、角のところを曲がったところでにおいがしたから、**においでわかりましたよ**。「ここだ!」って。で、いっぱい買い込んで、近くの神社で食べたんですけど、そのときに、深呼吸ができるって感じたんですよ。

高橋　いつも思ってるんだけど、いちばん最初にパンの技術を覚えたときというのは、実際昔のことでね。たとえば、そのころの修業では、時間が短くてもふっくらできればいいパンだというふうに教えられてきてたんですね。それがそのころの基本なんです。

練って、イーストを入れて、発酵させて、というね。時間は短くやらないと商売にならないから、ということで。インストアベーカリーって言って、目の前でつくって売るという時代だったし。朝何時からって限られてるから。僕のパンの仕事はそういうインスタントっぽい時代から始まったんですけど、ある人に出会ったときに、「すっげえ旨いパンだな」と思ったことがあったんです。で、そのときわかったのは、それは**発酵からくる**ものだということなんですね。それが転機だった。

迫川　お話しされるときに、いつも発酵がポイントだって、おっしゃられますよね。

高橋　だって、材料が極端にちがうわけじゃないので、なにがちがうかっていったら、その中のものですよね。イーストであったり酵母であったりが、パンの中でメイクしてくれるわけですよ。お酒も同じ。要はお米と麴でしょ。だから、**わたしじゃないんです。**そのなかの酵母が、どれだけパンにメイクしてくれるか。それを、わたしは見てるだけだから、テイスターみたいなもん。だから、パンが嫌いなやつは、どこまでやってもうまくならないと思いますよ。自分でつくったパンをたくさん食べなきゃだめだし、自分のなかで美味しいなと思えるものをお出しするのがいいんですよ。

自分で美味しいと思うパンを出す

高橋　迫川さんにもほめられたよね。この**人ずいぶんパンを食べてるな**と思ったって(笑)。ほかのところで美味しいパン屋っていうのはあるんだけど、それはヨーロッパのなにかを習ってきたような印象を受けると。だけど、峰屋さんのは、実際に自分で嚙んで、自分で美味しいと思えるものを出してる感じがするって言われたんだよね。たしかに、そのときどきで誰かが有名になると、その有名なところの味を着実に覚えていくやり方もあるんですよ。クロワッサンだとか、そういう製法の仕方をね。それで同じようなつくり方をして有名になってるやつはけっこういるんです。だけど、食べたときに、「あ、あの系統の味だ」ってわかっちゃう。だけど、わたしの場合は、どっちかというと、**自分の目と舌と鼻とで判断するから。**それで、自分で美味しいと思える味にしたいから。

迫川　峰屋さんの手を借りて、それで発酵して出てきたパンという感じがしますね。

高橋　もちろん、みんなの力を借りてですよ。パン屋っていうのは個人プレーではできないから。わたしは自分のことを船頭だと思ってます。船頭である限り、峰屋の船なんだから、こういうものをつくっていきたいという枠がありますからね。

やっぱり、自分が食べてもらいたいと思ってるだけの人数につくるには、ひとりでは限界がある。自己満足で終わる世界だと面白味がないでしょう。パン屋っていうのは、たとえるとバンドであったり、楽団的というのかな。自分で把握できる程度の広がりのなかで、みんなでやっていくものだと思うんですよ。じゃないと、一個一個がそんなに高価なものじゃないし、時間のかかるものだから、**ひとりでやってたら日が暮れます**。

井野　いま、何人いらっしゃるんですか。

高橋　16人。たまに急な大きい仕事も来ますけど、それも自分らでできる範囲のものしかやりませんからね。いままでのお客さんに迷惑をかけてまでやろうとは思いませんから。だから、少しずつ少しずつやらさせてもらってる感じです。やっぱり、たまに大きな話も来ます。だけど断ってます。だって、できないもの。そういうのは、大きいところじゃないとできないことだから。とはいえ、自分としては、ここに止まりたいわけではないんです。飲食って、厳しい世界だから、**止まってたら、うちだって終わっちゃう**と思ってます。だから、それはがんばって進まないとなと思ってます。紹介してくれたらなるべく受けていかないと、なかなか伸びていかないです。**止まってると怖いんですよ**ね。立ち止まってるってことは、勇気のいることだし、怖いことですよね。わたしの気が小さいのかもしれないけど。ベルクなんて、すごいと思います。すごいなと思ってる店でも、段々負けてくるところはあるから。

迫川　色んな可能性がありますもんね。このあいだだって窯を新しくして山型食パンが変わったじゃないですか。で、その変わったときにお電話でお話したんですよね。

高橋　ほんの気持ちなんですよね。前まではもっと大きく発酵してソフトにって思ってたんですが、やっぱり普段食べていて、発酵をもうちょっと抑えようと思ったんですよね。同じものだから、大きく伸ばすのと、小さく伸ばすのは、どちらもオーケーなはずなんですよ。どっちもアリなんだけど、「ちょっと、こっちのほうがいいかな」と、自分のなかで思っちゃったらね。大きさは新しいほうが小さくなるんだけど、こっちのほうが美味しいなって。

迫川　香りが立ちましたよ。

高橋　そんなに迷惑がかかるようなこだわりじゃないですから、ちょっとでも自分で、こっちのほうがいいかなと思えば、変えてます。なにかの都合でやってるわけじゃなくて、**自分で信じてやってますから**。配合を変えるわけじゃないからね。

井野　最近バターをつけないお客様が増えてますよ。

高橋　うん、つけなくても旨いと思いますよ。それは発酵を抑え気味にしてるからでしょうね。それはうれしい話ですよ。そのほうがアリかなと思ったんだから。クロワッサンでも色々試行錯誤したんですよ。仕込みのときに、パンの生地をいっぱい練ったほうがいいのか、それとも練らないほうがいいのか、30年間、色んなやり方を試してきました。結局、それは自分の裁量次第で。

酒種パン

高橋　うちの酒種《さかだね》を見てみますか。食べてみます？
迫川　（酒種を食べてみて）酸っぱい。思ったより酸っぱくてびっくりした。
高橋　でもこれは、そんなに酸っぱいほうではないんですよ。
迫川　でも美味しい。これ、クセになるかも。
高橋　こっちは若い。こっちはまだできあがってないの。段階があるの。さっきのはご飯を入れたからね。味がちがうでしょう？
迫川　このまんま食べられそう。食事に近い。
高橋　これでも、2週間以上たってる。ブクブクしてるでしょ？
迫川　ホントだ！　生きてる!!
高橋　これもちがう。食べてみて。こっちのほうがアルコール臭強いでしょう。これで毎日、ご飯炊いてるんですよ。
迫川　唎き酒してるみたい（笑）。ちょっと酔っぱらった。
高橋　少しアルコールがありますよね。醸造発酵してますから。これは、毎日、タイミングを計らないと、酸味が強くなったりします。結局、これだけなんです。麴とご飯と、自分のタイミングのバランスだけ。麴とご飯を合わせてつくっていくんです。おもしろい味をつくってくれるんだけど、むずかしいですよ。これと塩と小麦粉でつくってるのがベルクのライ麦パン。これが毎日、絶対なにかに入ってるから。やっぱり、これが味を出してくれるんですよ。「お父さん、天然酵母がどうのって、子どもの前で言わないでよ」って。そんな話をするのはお父さんぐらいって言われてる。「だんだん少なくなってるのよ」って。天然酵母のパン屋は手間がかかるから。「それを商売にしてるんだから、たいしたもんだ」って、うちの息子が（笑）。だけど、天然酵母って言ったって、色んなのがあるからね。こういうことやってるのは、あんまりないかも。

迫川　そうね、いまは「天然酵母」って言葉がひとり歩きしてる感じもあるから。

高橋　味つくるのってむずかしいんですよ。ぶどうからやるのは、まだ酵母で発酵だけだからいいんだけど、これはカビ菌だから。麹だから、菌から酵母と絡むから、すごいむずかしいの。**ようこそ菌の世界へって感じ**。わたしなんか、感覚でやってる、手探りで味を探してるだけだから。一度ね、大

学の先生が書いたむずかしい本を必死になって読んだんだけど、つくり方が全然ちがうというか、手を出せないようなとこもあるような気がした。逆に。勘でいけないでしょう。こうやって、感覚でつくるのとはちがうつくり方だから。世界がちがう。やっていかないとできないというかね。経営もそうでしょう。生《なま》の経営学と、学校でやる経営学じゃ、全然ちがうでしょう。だから、指ぬらして風を感じられるかどうかっていうかね。それが大事なことだと思いますよ。味っていうのは、やっぱり現場で、舌や鼻を使って追求していかなきゃなって思いますよ。ほんのちょっと変わっただけで、味なんて変わりますからね。

　さっきもサンドウィッチをつくってたんだけど、ちょっとしたタイミングで味がちがってきちゃうから。みんな、生まれ育ちで思

考がちがうんだから、ものをつくっていくっていうのは、本当にむずかしいことだなって。

小商いの血

迫川　いま、注目してる分野はありますか。

高橋　いまね。カレーパン専門店をやりたいの。揚げたてのカレーパンを食べさせたいと思って。アツアツのカレーパンを出せるお店をやりたいんですよね。冷たいカレーパンというのも、それはそれで哀愁があって旨いんですが。でも、やっぱり、とんかつは揚げたてが旨いでしょ。それでキャベツが置いてあって。だから、その感覚で、揚げたてのカレーパンと、ちょっとしたサラダでね。こっちに合う野菜もので、胸焼けのしない程度で食べられる、カレーパンをサポートして食べられるような野菜をくっつけて、そんなお店があったらいいなって。

で、これまた出会いなんだけど、たまたま配達してる先に、スリランカ人がいてね。で、おれのことを気に入ってくれてね、缶コーヒーとかをおごってくれるんですよ。そいつの定期入れがチラッと見えたとき、奥さんと子どもの写真があってね。奥さんは日本人。で、家庭が命だって言ってるから、優しいやつだなって思って。そう思った瞬間に、ここからはおれのおかしいとこなんだけど、こいつのキャラがいいなぁと思ったの。で、同じカレーパンをつくるんだったら、変わったカレーパンをつくってみるのもおもしろいなと思ったんだよね。で、おれとそいつでカレーパン屋を出したらおもしろいかなと。だから、カレー屋計画は進んではいるんですよ。

迫川　次から次へとやりたいことが出てく

るんですね。

高橋　全部遊び心ですよ。くだらないことからなにから、考えることが好きなんです。なにかあったときに、**パン屋的にものを考えてるんだよね。**商人的にね。だから、自分の血は、小商いの血統です。でかい商売じゃなくてね。つくって喜べる性格とかもそうだし。だからパン屋をやってよかったなと思う。ただ、つくるだけじゃ、おもしろくないんだよ。つくるだけじゃなくて、その過程で人と出会ったりとかがあるから。それで、その先で喜んでもらえるなら最高だよね。それがなによりも財産ですよ。

自分のなかでのストーリーを大切に

高橋　自分のなかで自分の歩みというか、ストーリー性のあるような生き方がいいな。最後は、みんな死ぬわけだから。だから、どれだけいい顔で生きられるかっていうことでしょう。わたしの場合は、ひとつのものをここまでずっとやってきて、**死ぬときまでやっていけたらいいかなって。**

峰屋のものづくり

迫川　ジャマイカ・パンっていう新作ができたんですよね。

高橋　素朴な味でいいでしょ。ジャマイカ？　レゲエ？　どんなパンなんだろうと？　うちが取引している200店舗の飲食店のなかで、このパンに反応したのは、某有名店のシェフと迫川さんのふたりだけですよ（笑）。ジャマイカ料理屋の人から頼まれてね。ジャマイカで普通に食べられているパンなんだけど、日本でもつくれないかってもってきたの。他所でも試作してもらったけどダメだったらしくて。それで、うちに来た。
迫川　とても美味しかったですよ！
高橋　いいでしょう。もちろんまだ日本でやってる人もいないし情報もないし。一度、現物を食べてみて再現してみたんだ。するとこの味は酒種で出せるなと思ってね。あと、うちの近所の肉屋の上質なラードを使った。豚の油と小麦なんて、ジャマイカっぽいでしょう。イメージとして。
迫川　この甘みは？
高橋　お砂糖。わたしもちょっと甘いかなとは思ったけど、やっぱり最初食べて感じたものを表現したい。ひとくち食べてみて、個性的なパンに感じたから。それでも、わたしのつくったほうは上品になっちゃってるよ。だから逆に日本人には美味しいと思うな。依頼してくれた人も本場のパンに近いって喜んでくれた。

迫川　お砂糖と小麦粉とラードと……。
高橋　あと牛乳も。
迫川　とてもフルーティーですね。それはどこから？
高橋　それは酒種の風味がフルーティーだからですよ。
迫川　以前の酒種パンとはまたちがいますね。
高橋　あれは煎餅っぽい味ね。これはその前の状態の発酵している感じなんだよね。お酒の吟醸にあるようなフルーティーな感じなんだよ。酒種パンは焼いてるけど、これ焼いてないから。
迫川　香りがいいですねぇ。酒種って色んなパンに変身するんですね。
高橋　おもしろいでしょ。わたしは酒種と出会って、酒種と友達になったから、色々な風味が出せるんだよね（笑）。
迫川　パンとケーキのあいだみたいな味。

高橋　そうね。で、ケーキみたいにバター使うときつい。ラードがいい。バターだとケーキ。ラードだとパン。

迫川　ケーキほどきつくないし、パンとしてはケーキに近いみたいな。いや〜旨いってバクバク食べちゃった。バナナみたいな味もして。

高橋　これはあまり練らないようにしたんだよ。強力粉も半分、で薄力粉ってケーキに使うのも半分入れてる。練ってしまうとパンになるし。これはワザが必要です。

迫川　この前もってきていただいたパンもフランスパンと黒パンのあいだにあるようなパンでしたよね。最近、高橋さんのなかで「あいだ」が流行っているのかなって（笑）。

高橋　まぁおれはケーキよりパンが好きだからね。ジャマイカのパンはもうちょっとずっしりしてる。日本のこれの方が旨いよ。材料がちがうから。

迫川　ジャマイカの方が美味しくない（笑）。

高橋　みんなに食べてもらったけど、みんな不味いって。でも、おれは不味いパン食べても不味いでおわっちゃいけないんだよ。だって、それがジャマイカで市民権得てるわけだから。どこが活かせるか、どこがいいのか。それを考えないと。で、取り入れたんです。新しい世界が広がるんだよね。だから人からおもしろい依頼があったら断らないよ。これだって5日間ずっと考えたんだから。実際、なにが入っているかわからないところから始めるから。依頼されて食べてみて、最初はお菓子かなと思ったもん。ベイキングパウダーかなと思ったし。でも、わたしにはわたしの得意な材料チームがあるから、それを引っ張り出してくるわけだ。で、一発でできた。実際美味しかったけど、現場の味に近づけるために微調整してね。依頼人も満足してくれましたね。イメージに近いって。どうつくろうかってイメージは会話しているうちに思い浮かんでくることもあるし。少し考えているうちに思い浮かぶこともある。

迫川　イメージはやっぱり絵のようにポンと浮かんできますか？

高橋　うん。**文字じゃないですね**。あるバーガー屋さんから依頼されたときも、この絵のイメージのバンズをつくってくれって、セピア調の絵を出されたし。で、その絵からおれはアメリカの泥臭さと哀愁が感じられたの。相手は昔の味を求めているんだなと思った。

迫川　そういう時代性までイメージするんだ。

高橋　だから、「いま」をイメージさせる

材料は極力使わないとかね。たとえば、バター使うとハイカラになりすぎるんだよ。おれのイメージだとセピア色はバターではないなとかさ。で、牛乳使わないで脱脂粉乳使ったりね。これは外人の友達と付き合ってたから思い浮かんだ。外人は休日の使い方がうまくてさ、1人1品もち寄ってホームパーティするんだよ。で、そのときにパイつくろうと思ったら、外人同士でバターじゃなくてショートニング使ったほうがいいとか論争になったんだ。宗教の問題もあるんだろうけど、祖母がつくってくれたパイにはバターなんて入ってなかったとか。いや、絶対バターは必要とか（笑）。パイ生地なんて地方や家によってちがうんだろうね。こういうことは色んな経験や人との出会いが自分の引き出しに入ってるから思いつくことだと思うよ。人生経験が仕事に

つながってるんだよ。外人と付き合ったり、昔の先輩のパン屋さんから教えてもらったり。昔は牛乳じゃなく粉乳使ってたなんて話を聞くんですよ。あと知り合いの肉屋と話しているうちに、外国人記者クラブに卸しに行くとパンにラード使ってたよとか聞いてさ。もともとわたしは人との出会いが好きなんだよね。

パンは生き物。だからドラマがある

高橋　あと、パン屋はいいかげんなほうがいいんだ。パンは制約がないからおもしろい。色んな方向性のパンがつくれる。なにつくっても文句言われない。だから、1個のものに集中するケーキ屋とか蕎麦屋とはちがうね。蕎麦にぶどうとか、さくらんぼ入ってたらダメでしょ。そんな蕎麦つくったら怒られちゃうよね。でもパンはそれはありなんだ。

迫川　高橋さんの想像力と好奇心にパンづくりが向いてるんですね。

高橋　いや。おれのいいかげんな性格が向いているんですよ（笑）。発酵してる生き物相手だから。**羊飼いの犬みたいなもんですよ。**羊がどっちの方向に行くかってわいわい動いてる感じですよ。パンは毎日同じようにはつくれないからね。いちばんいい状態になるように相手を追っかけてる感じだよね。

だから、コンビニで売ってるような大手のパンとうちらのパンは、そもそも種類がちがうんだよね。あれは工業製品だよ。こっちは生き物を扱ってる感覚ですよ。同じと思って欲しくないし、実際、全然ちがうんだもん。**生き物にはドラマがあるよ。**小麦の味がしたり、そのときどきの素材の味がしたりさ。あっちはあっちで別のドラマつくってんだろうけどね。肉、野菜、魚と来て、その次にパンがあったっていいって思ってつくってる。おれはそう思ってます。パン自体がおもしろくなくちゃ。工業製品として管理してつくってなにがおもしろいんだって。生き物にはドラマがあるんだよ。ドラマを感じるパンをつくりたい。それができなかったら、こんな仕事してないですよ。30年もパン屋なんてやってらんないよ。**飽きちゃうもん。**だから、農家が畑を耕すのといっしょ。小麦粉のなかに酵母を入れて耕してできてくるのがパン。かっこよく言えばね（笑）そこから出てくる美味しさにドラマがある。

迫川　ボタン押して、同じパンがでてきてもね。つまらないですよね。

高橋　出会いもないしね。ジャマイカパンだってこわそうな兄ちゃんがもってきてさ。その出会いがおもしろいんだもん。こうして迫川さんと話してさ、パンつくるのが楽しいんだ。

迫川　素朴でかわいいパンですよね。

高橋　工場でつくってても、おれなんてそんな長くパンつくってらんないですよ。ジャマイカに毎年行ってる兄ちゃんと会ってさ、顔見て、誠実そうなやつだなと思って。話きいて、なるほどって思って。

パン屋として世の中を考えてる

迫川　フィンガードックのときも会話の中からバシッと決まりましたよね。

高橋　そうだね。パンッと思いついたね。会話しているうちにイメージが浮かんできたりするんだよね。試作もしていくんだけど、会話が大事。もっと本気で硬くしてもよかったけど、フィンガードックはあのくらいの硬さがいいんだ。唾液の分泌がない日本人にあれ以上に硬いのを出しても市民権得ないよ。だから、あまり硬くしない。ホント に。

迫川　うん。いまの硬さが丁度いい。そういえば、東金屋さんも一発で再現しちゃうんですよ。ブラジルの人がつくってくれってもってきた生ソーセージをはじめて食べて、再現しちゃうんですって。

高橋　結局、おれらはその仕事が好きだから、そういうことができるんだと思うよ。**まぁ半分趣味なんだよ。**だからそうなっちゃうんだ。

迫川　おふたりとも同じこと言ってるなぁってびっくり！

高橋　おれはパン屋のオヤジとして世の中見てる。その方がおもしろいんだよ。パン屋としてあらゆる物事を考えてみるのさ。パンはなんでもありだから。

迫川　高橋さんは出会いが全部パンにつながっちゃうんですね。わたしも全部ベルクにつなげて考えちゃう。どこに出かけて行ってもベルクのこと考えちゃう。

高橋　迫川さんならわかるでしょ。おれら自分の仕事に興味もってるから全部つなげて考えちゃうんだよね。やっぱり**世の中自分のフィールドで考えると楽しい**と思わない？　世の中見るときにさ、自分のもってる望遠鏡で見たほうが楽しいんだよね。

迫川　すごくわかるなぁ。その感覚。

高橋　パン屋でもの考えて、案外そんなに外れてるわけじゃないんだよね。自分の生き方のなかでさ、整合性があるっていうか。全員が同じ意見じゃなくていいわけだし。自分の歩んできた道、おれはパン屋だけど、そこから物事考えていいんだよね。みんな同じ道を生きてるわけじゃないんだから。

自分の生き方でいいわけだから。で、あとは人でしょう。他人との出会い。自己満足でやっててもあきちゃうもん。

迫川　不思議ですねえ。高橋さんはパン屋として考えて、わたしはベルクとして考えている。でも、それで同じ土俵で会話ができてる。

高橋　でも、そうやって会話できる人って意外といないんだよ。これは自慢話として聞いてほしくないんだけど、おれとか迫川さんは生き生きと生きてると思うんだ。でも意外と仕事は仕事って生きてる人が多すぎるよね。仕事とは別に趣味があって、そっちで生き生きするってのもいいとは思うけど、おれらはそうじゃないじゃん。24時間のうちの何十時間って仕事してるんだもん。そこから物事考えられるようになっておかしくないいんだよ。美味しいものをどうつくるかだから。美味しいものを出すためにどの素材を使ってあげようって考えて、高くなるんだったら仕方ないし。高くて売れないんだったら、またどうしようって努力すればいい。そんだけ。

迫川　うちらは根本は同じなんですね。美味しいものを出すっていうのが先。そのあとの儲けですよ。

高橋　だから迫川さんと話してて張り合いがあるんだよ。おたがいに喜んで食べてくれる人を相手に一生懸命やっていける職種に出会った。食べてもらって美味しいとか不味いとか色々反応もらって、食べてくれる人たちを裏切らないでやっていけてるから。だから、こういうことが言えているんだと思うんだけど。だから、わたしたち恵まれてるんだ。お客さんを裏切りたくないと思える仕事なんだね。

ソーセージ職人

河野仲友さん

河野仲友《こうのなかとも》

1948年千葉県生まれ。千葉市でただ一軒のオリジナル自家製ハム・ソーセージのお店「マイスター東金屋《とうがねや》」主人。プラモデル好き。

ソーセージ職人の眼力

もし河野さんのつくるソーセージやパテにこれほど惚れ込まなかったら、わたしは河野さんの何気ない一言を聞き逃していたかもしれません。

たとえば、あるときぽろっと河野さんは冷蔵庫の自慢をしました。「大きいんだよね」と。相手が河野さんじゃなかったら、「たくさん入るでしょうね」くらいにしか感じなかった。でもよく聞いてみると、大きいというのは「**豚が丸々一頭ぶん入る**」という意味だったんです。つまり、すべての部位が扱えるということ。しかも、自由自在に。

ベルクのお客様からよくお誉めいただくのが、「レバーは苦手だけど、このレバーは美味しく食べられる!」です。その理由はいくつもあるでしょうけれど、ふたつあげれば、ひとつは新鮮であること。だからくさみがない。もうひとつは豚の頬を混ぜていること。それがあのなめらかさを出しているのです。もし冷蔵庫が小さくて、扱える部位に限りがあったら、この味はなかったわけです。

河野さんの工房（兼お店）は千葉にあり、新宿からちょっと離れているので、なかなかお会いする機会がありません。電話でも少し話すのがやっとです。そのときはもう一言一言聞き逃すまいと耳をダンボにしてメモします。だって、その一言に河野さんの味の秘密が隠されているかもしれないからです。

ベルク店内には、写真家の故鈴木清さん（土門拳賞受賞作家）に撮ってもらった、職人たちの写真が飾ってあります。河野さんはパートナーの直子さんといっしょに並んで写っています。ふたりで毎日工房に入ってソーセージをつくっています。

インタビューは、その河野さん夫妻に編集者の稲葉将樹さん、ベルクで東金屋さん担当の市原結美も飛び入り参加し、5時間におよぶ中身の濃いものになりました。精肉店をやめてソーセージ・ハム専門店に生まれ変わったいきさつ、カッターが一〇〇〇万円近くした話（ソーセージは練り物と思われがちですが、じつは練るのでなくカットしている）など、普段聞けないことがいっぱい聞けました。

さあ、どれだけの秘密がつまっていることか！

まずは偽装の問題からはじまった

河野　『新宿駅最後の小さなお店ベルク』読みましたよ。土下座の話を読んで、やはり、あなた方はただもんじゃないなっていう……まあもともと、うちのものを平気で使えるっていうのは……（笑）。

井野　平気で使ってないですよ。

河野　だって、うちは引き合いはたくさん来るんだけど、値段がよそとあまりにもちがうでしょ？　安いソーセージなんてたくさんあるし。たとえば、いまはやらないだろうけど、Y品っていう賞味期限切れになったやつを包装を取って裸にしてさ、冷凍したりしていくと表示なんてなくなってしまうんですよ。

迫川　いま社会問題になってることにつながりますね。

河野　実際、ソーセージの中に入れて焼いちゃえば履歴って言ったって、**わかんねえんですよ**。でもそれが言うのもはばかられるような安価で流通してるもんだから、ポリシーがない人たちは商売に徹して当然そういうのを使うようになっちゃうわけよ。でも、一回そういうのに手を染めたら、際限なしにどこまでも質は落ちていっちゃうんです。次はもっと安いやつ安いやつって。だから肉屋なんかもそうなんですよ。うちは「国産の生」っていうのにこだわってるんだけど、ソーセージにしちゃうと見分けなんてつかないよ。自分の良心っていうかね。やっぱりひとりひとりのお客さんの顔が見えちゃうでしょ。たまに安い出物があるからどうですか？　とかって営業されて、値段を聞くとすごい誘惑にかられるけど、一回それをやっちゃうと、安いのを求めてもうなし崩しになっちゃうんですよ。もう**自分のアイデンティティはどこいっちゃったんだよ**っていう。だから、おれは国産以外は絶対に使わないと。なんで自分がそこに依って立ってるかって言うと、お客さんに支持されてるから。やっぱり、信頼されてるわけでしょ？　それは裏切れない。ただ単に商売してればいいっていうだけじゃなしに、一応なんていうか思想っていうか……。いつも間違いないものを意地でもつくってるつもりなんだ。

（ここで東金屋のママ＝直子さんが登場）

ママ　この人、痛風になっちゃったの。11キロやせたの。もうね、足をひきながらソーセージつくってたの。やっぱりこれも職業病だろうね。

河野　だから節制してるんですよ。これまでは三食肉だったから。試食もするしね。

企業努力で安くするにも限度がある

迫川　さっきおっしゃった、日付とか関係なくなっていくっていうのは、偽装みたいなもんですよね。

河野　でもそれ、告発なんかできねぇですよ。証拠もなにもないから。ただ、なんでそうなるかって問題もあるんだよ。いつか北海道のほうで、牛肉コロッケの偽装事件あったじゃない。そんときの社長が消費者が安いの安いのって求めるからこういうことになっちゃうんだよって言い訳してたけど。あのおやじ言ってたでしょ。和牛コロッケって偽装して、和牛じゃなくて、えらい安い肉や、心臓入れたり、ほかのものを入れたり……。

迫川　寄せ集めコロッケ。

河野　うん、大体さ、消費者のほうだって和牛がいくらしてるかって知ってるはずでしょ。それ使ってこの値段で、ありえないって思わないんだね。企業努力で安くしましたって、あんなの嘘ですよ。企業なんてボランティアでもなんでもないんだから、営利追求してるんだから、１円だって儲けようと思ってるんだから、企業努力によって安くなりましたなんて、あんなの真に受けてたらあまりにもナイーブとしか言わざるをえないでしょう。安いやつっていったら、まず疑ってかかんないと嘘だよって話を、おれはしたいわけ。ドイツ人は「わたしたちは安物を買うほど金持ちじゃない」って言ってんじゃねえかよ。そんな**ムダなもん買うほど金ねぇぞ**って。よい物しか買わないよって。

ドイツの味と純粋令

河野　あとね、肉はあきらかに、ドイツの豚より日本の国産豚のほうが旨いんですよ。ソーセージだってさ、ドイツの味が美味しいって言うけど、それは食べる環境とかもあるんだと思うよ。おれは39歳のときにはじめてドイツに行ったんだけど、食べたときに「**これ勝ったな**」って思ったもんね。まだ東西ドイツだったころだから、魚なんて鮫と舌平目ぐらいしか魚屋に並んでなかったですよ。あとはみんな肉でしょ。だから本当に食うものがないんだけど、加工肉をドイツ人は毎日食ってるわけさ。なんで純粋令〔地域によって原材料や製法を規定した法令〕をつくってるかっていうと、黙ってたらなんでも入れちゃうからですよね。日本でそうした縛りをかけないっていうのは、そんなに加工食に頼る文化じゃないからなんだよね。
ママ　ほら、日本には魚肉ソーセージなんてのがあるように、お菓子の感覚なのね。ソーセージは主食じゃないわよね。
河野　だけどやっぱり日本には、純粋令の代わりに**特定の店への信頼**というのがあったんだよ。日本はお刺身がいい例で、日本の食材ってだいたい素材をそのまま出してくるから、きっとそんなに厳しく縛る必要がなかったんですよ、だけど、かの国は、元の形が見えなくなっちゃうような食文化だから、人間の良心に従うってだけじゃだめなんですよ。

ランクの問題

河野　最近（2010年頃）も、飛騨牛の等級のA5ランクにA3ランクを混ぜて売ってたっていう事件があったでしょ。じつは、それは**肉屋はみんな当たり前**だってわかってるんですよ。等級なんてやつは、ちょっと見て、これはA5とかって勝手に決めてるわけですよ。じっくり見たら、肩のサシ〔いわゆる霜降り〕はそうでもなかったけど、モモのほうへいったらこれはいいじゃねえか、張りもいいし肉質もいいじゃないかと。
ママ　だから、そこを見極められると、それが**肉屋の儲け**になったんですよ。
河野　こいつはA3って言ってるけど、A5の価値十分あるよってやつ、いくらでもあるんですよ。目利きができればね。だからさ、単純に一匹A3って言っちゃったら、全部A3で売らなきゃいけませんっていうような、目利きができないやつが、格付けしてもらって喜んでるわけであって、わかってる人が見れば、これは肉質もよいし、脂のかみ具合もいいし、使い方によっては十分A5ですよっていう。だから、わたしたちはタタキのときなんかは、安い牛っていうか、自分の目で見て上質だけど安い牛を買う。

井野　そこからいい部位を探して使うんですね。

河野　うん。金額で言ったら一キロ500円もちがう。

ママ　肉質はほら、やっぱり目が利かないとダメなんですよ。この人が肉屋をやってたからできるんだけど。ドイツで修業してきましたってだけの人はちょっと無理かもしれないね。ソーセージはつくれても、よい肉を見る目がないから。

表示の話とJAS規格

河野　いつもお客さんに説明するんですけど、豚って五等級に分かれてるんです。極上から、上・中・並・等外って分かれてるんです。いちばん下からいちばん上まで、値段が倍ちがう。だけど、極上の豚のロースと、等外の豚のロースでも、ロースハムはロースハムなんですよ。等級を表示する必要はないんです。わざわざ書かなくてもいいんですよ。

迫川　加工しちゃったものは書かなくていいっていうのは、食品表示のおかしいところですよね。

河野　で、JAS規格の話になるんだけど、日本農林規格で「豚肉」ってあれば、普通は赤身の肉を想像しますよね。でも、赤身の肉が10パーセントしかなくて、周りに90

パーセント脂がついてるような肉も「豚肉」なんです。「脂肪が90パーセントついてる豚肉でつくりました」なんて書く必要はないんです。豚肉は豚肉でいいんです。

迫川　少しでも肉が入っていれば関係ないんだ。全部一緒くたなんですね。

河野　そういうこと。脂から肉片を離しちゃったら脂肪と赤身になっちゃうんだけど、ソーセージの成分に豚肉って書いてあるときは、それが脂肪が99パーセントだろうが、豚肉なんですよ。しかも、欄外の記載に「豚肉以外の肉は使っていません！」って書いてしまえるんだ。

ママ　だから、植物タンパクと、豚の脂と、あとは少々の豚肉を入れておければ、もうそれでいい……。

迫川　赤身だけ使ったら本当は少ししかできないのが、脂肪や添料まで使って、それで定量生産して売ってるんですね。

河野　そういうことなの。ベーコンなんか、上級品は豚肉と香辛料と調味料以外は使ってはいけないんだけど、標準品は、熱を加えると固まる植物タンパクを使ってもいいんです。上級品では1キロのバラ肉で800グラムのベーコンができれば上出来なんだけど、量を増やしてJASの標準品がつくれるんですよ。

迫川　普通縮むものが、添加すると増やすことができるんで、それがオーケーになってるというのがおかしいですよね。

河野　最初からカットしてある冷凍の、そのまま「ベーコン」っていう名前の輸入バラ肉なんてのもあるんですよ。それに植物タンパクなんかを注入して、中の成分が固まって目方が増やせちゃう。130パーセントで**4キロのバラ肉が5・2キロのベー**

コンになっちゃう。で、前の値段より、わたしたちは0・8だから1・25かけないと原価が出ないんだけど、向こうは0・7になっちゃうわけですよ。その時点で下がっちゃうんですよ。本当に、2倍ぐらい差が出てきちゃうんですよ。1・3倍と0・8倍になるんだもん。それなのに、ベーコンには「輸入品のバラ肉使ったベーコンです」なんて書く必要ないんですよ。だからもう、お客さんとの信頼関係でしかないんです。ほかのやつはいっさい使わないで、国産にこだわるっていうのもそうだし、それを言い続けてる。お客さんの信頼を裏切らないようにそれしか使わないようにしてるわけですよ。

迫川　そこが本当に不思議ですよね。

河野　ベルクで召し上がってるのも、正真正銘のもの。**おおいばりで食べてもらいたいですよ**。よそのやつと、いま自分が舌で覚えてるやつと食べたときにはっきりと差が感じられる。それが大事なんですよ。

迫川　ほかのベーコン食べられないですよ。本当に貴重な味。

河野　そこがうちの誇りなんですよ。

稲葉　だから、ベルクのお客さんラッキーなんですよね。新宿中でも、お肉つったらベルクだと思う。いちばん美味しい。

井野　いまの話はベルクドッグのポップにも書いてあります。おもてに張ってあります。

東金屋の歴史

井野　河野さんは三代目なんですよね？

河野　うん、親父は肉屋でね。その前におばあさんも肉屋なんですよ。で……その親はバクロウなんですよ。馬喰《ばくろう》ね。家畜なんかの商いやってたんですよ。昔は、牛や馬っていうのは荷車をひくのに使ってた。うちの本家は新千葉で、そこは一晩泊まって馬を休ませるような場所だったんです。東金だとか八日市場あたりは、農産物や海産物をみんな馬を使って運んでたんです。そうするとちょうど本千葉あたりで中継して、船橋か東京にもって行くという。ちょっとだけ馬や牛なんかの知識があるからって言うんで、食肉文化が入ってきたときに、家畜商が取っ付きやすかったんだろうね。おれは見たわけじゃないからわかんないけど、足が折れちゃった馬とかを屠殺してたと思うんだ。捨てないで食べてたはずですよね。だからそういう馬喰なんていうのは、そこから始まったわけですよ。そこで東金屋っていうのを始めて、さらにそこから分家してきたんです。名前自体が相当古いんですよ。出身地の名前を使って東金屋。

井野　それがおばあさんの親ですね。

河野　古いんです。千葉で東金屋っていったら、本当に1、2位を争う肉屋の草分けなんです。

井野　肉屋さんってけっこうあったんですか？

河野　うん、いまは4分の1になっちゃった、千葉市でも食肉組合に加盟している肉屋は。

ママ　うちのお母さんの時代は、お肉屋さんに行列ができたんだって。

河野　肉がどんどん食べられるようになったころね、オリエンタルカレーなんて知りませんか？　肉の消費を活発にするっていうか、簡単に言うと、肉はカレーの中に入れてもらうのが手っ取り早いっていうか。カレーはどんぶり飯の感覚で流行ったから。

ママ　宣伝カーみたいのが来たんだよね。そこでカレーつくってるの。スーパーでやってる試食会みたいな。ああいうのでみんなに食べさせたの。

河野　全国津々浦々、そうやって肉屋を拠点にしてキャンペーンしてたんでしょうね。

肉が売れない時代に

河野　肉屋さんに行列できるみたいな時代でわが世の春を謳歌してたんですよ。

ママ　そのあとダイエットのブームがあったんだよ。**もう全然売れなくなったよね。**

河野　昭和50年代？　60年代か？　本当に売れなくなったな。同時に競争相手もたくさんできたんですよ。

ママ　安かろう悪かろうの肉屋が出てきた。素人の肉屋ができちゃったのね。そういうのがスーパーの中に入ってきたりして。だんだんそういうお店が増えちゃうから、いままで来てたお客さんもそっちへ行っちゃう。それで美味しい手づくりロースハムなんかの仕入値が高くなっちゃったの。１００グラム４００円で出せてたのが６００円になっちゃった。そうすっとお客さん買わないでしょう。そんな高いの。

河野　製造元の生産量が少なくなっちゃったんでしょうね、きっと。大手メーカーなんかの廉価版が出てきて。同じロースハムって言っても、それこそピンからキリまであるんだよ。テレビでＣＭしているような安いロースハムができるようになってから、**中小零細のハム屋がなくなっていくんだ。**千葉でもユキエハムっていう、けっこう有力なハム屋があったんですよ。

ママ　そこのウインナーったら美味しかったのね。でも売れないっていって千葉ではやめちゃった。

河野　それはまだ昭和50年代の話だな。おれが始めるのは50年代の前半くらいかね。まだまだ真似事だけどね。

井野　マスターの最初のソーセージ体験っていうのはどこなんです？　そのユキエハムがけっこう大きいんですか。

ママ　そうだね。うちにソーセージやハムを卸しに来るでしょ。そのときに、ユキエの営業の人に。

河野　羊腸を譲ってくれって頼んだの。それで、家の手回しの挽き肉機で2回も3回も挽き肉を挽くわけですよ。スパイスもつけて自分の手でグニャグニャにして。

ママ　で、そんなことやってたら、肉屋の機械屋さんが来たの。

河野　そのころちょうど、肉屋がだんだんすたれてきたんですよ。あまりにもたくさん肉屋ができて淘汰の時期になってきたんだね。スライサーやなんかも昔は爆発的に売れてたでしょう。それが売れなくなってきたんでしょうね。そうすっとほかの機械売れねぇかって考えて、ソーセージの道具なんかをドイツからもってきたら売れるんじゃないかって。簡便な手回し式のスタッファー〔ケーシング（腸など）に肉を詰める機械〕は当時で28万もしたんですよ。その28万がすげえ高く感じた。いまは、100万って言われてもそんなもんかなと思ってるけどね。

ママ　そのころ、この人は30代前半ですね。

井野　そのときはソーセージを売ろうっていうところまでは考えてなかった？

河野　うん。でも、それくださいって人が来たね。お湯で温めて柚子入れたりしたから、スパイスの匂いがするのね。そのスパイスのスープもくださいって人もいた（笑）。いまでもオールドファッションって名前で残っています。

自分でソーセージをつくる

河野　それから1年ぐらいやってましたね。それで徐々にできるようになって、売れるようになっちゃったんですよ。で、そのうち今度はスパイスメーカー主催のセミナーがあったんです。当時はソーセージの黎明期だったもんだから、日本人にソーセージのイロハをつくって見せて教えてくれるんですよ。調合してあるスパイスを入れるとウィンナーができますとかね。コンパウンドって言うんですけど。それを混ぜると、なにも考えなくていいんです。言われた通りの配合をやって、腸に詰めればウィンナーができるんですよ。それを見に行ってね。ドイツの人が実演するんだ。カッティングするのを見て、はじめてだから、なに見ても「ああ、こういう風につくるの？」って衝撃。できたやつを試食して、「ああ、なるほどな。やっぱりなめらかさとか全然ちがうんだ。これじゃあやっぱりカッター買わないとダメだ」ってなる仕組み（笑）。

迫川　けっこう美味しかったんですか。

河野　旨かったですよ。その人はドイツのマイスターで、デモンストレーションで世界中を回ってる有名な人で。そのセミナーに行ってから、すぐカッターとスモークチャンバーとスタッファーを買いました。これはもう、ソーセージ屋の三種の神器。それがなければソーセージになんねえんですよ。うちはまだスタッファーの小さいやつしかなかったけど、そのときにはじめて電動のスタッファーを買った。それから電動のカッターと簡単なスモーカー〔燻製用の機械〕も。最初はそれでやろうと。**肉にも**

付加価値つけなきゃいけないってずっと前から思ってたから。

井野　そのときのスパイスの味付けっていうのは、もうマスターが独自に？

河野　最初は全部調合されてるやつを仕入れて、自分で考えるわけ。なにを足すとこの味になってるのかな？　なにがこの味なのかな？　って。**カット&トライ&エラー**ですよ。だって調合済みスパイスは高いでしょ。だから自分でスパイス単品、たとえば白胡椒とかを色々と混ぜて自分でつくれれば、3分の1の原価でできちゃうわけです。

迫川　じゃあ、それを舐めて？

ママ　ううん。ちがうの。**製品の香りで覚える**の。最初はね、ソーセージのつくり方も教えてくれないんだよね。機械屋さんが機械売るのに、こうするんですよって言うのがないんだから。機械屋さんに言わせると、「東金屋さん、最初の3年か5年のあの努力がいまに通じるんだから、教えてくれなかったことはかえって幸せだったと思いな」って。

井野　全部与えられたら、考えないもんね。

河野　そこんとこは、**おれがケチだから**なんですよ。調理済みスパイスを使うんだったら、それは自分の取り分が少なくなっちゃうわけでしょ。結局、美味しい味ができればいいわけだから。いつも出発点はそういうことなんですよ。

ママ　**ドケチ**（笑）。

河野　だからカット&トライでいくつもダメにしたけど、結果的にはいま、オリジナリティっていうか、おれが自分でみんなこさえたんだよっていうのをやっていられるわけです。

ママ　だから素人の人は、調合済みのスパイスを買ってつくっちゃうんでしょ。
河野　そしたら、そっから一歩も出らんないよね。発展がないんです。応用力がつかないんだ。

飛躍するための出会い

河野　じつは、スーパーにソーセージ卸すようになって、けっこう練習になった。本当に（笑）。そのとき、いっぺんにたくさんつくれるようになったから急速に腕が上がった。だって、自分の店だけで売ってる1週間に10キロ程度のつくりざまじゃ、どういうふうにしたってたかがしれてるでしょ。
ママ　7店舗か8店舗分に卸すのを、全部つくってたの。
河野　1週間に10キロつくって大騒ぎだったのが、1週間に100キロとか120キロとかつくるようになっちゃったわけですよ。だから、相当練習になりましたよ。
井野　そこはけっこう大きいですよね。
河野　スーパーの課長さんと出会ってさ。これは自分たちが飛躍するためのありがたい出会いだった。
ママ　すごくラッキーだったのよね。リングイッサのときもそうだよね。
河野　そう。そのころ、自動車工場が増えて、外国の人、とくにブラジルの人がたくさんこっちに来てて、その人たちがお客さんになったわけ。リングイッサポルトとか、リングイッサクルーとよばれるスペインから来たブラジルのソーセージがあってさ。網で焼いて食べてるんだけど。それを依頼されたんですよ。ある日、ブラジル関係の会社が見本をもってきて、これと同じ味につくってくれって言われて。

ママ　「ブラジル人はこういうものが好きだから、つくってくれないか」って。「これからは生ハムだ」「サラミだ」と思ってたときに、そのお客さんが来たのよ。

河野　しかも、それは卸し先のひとつが向こうの都合で駄目になっちゃって、それ用にわざわざ外につくった冷蔵庫がいらなくなっちゃったんで、別の場所に運んでる、ちょうどそのときに来た話なんだよ！

迫川　待ってましたって感じですね。一個の見本から調べてつくられたんですか？

河野　そう。それを焼いて食ってみて、同じ味にできればいいわけ。そしたら、一発目で合格。「こういうのつくってくれ」「あいうのつくってくれ」って言って、見本をひとつもってくるんだけど、それと同じやつをつくっちゃうから、いつもみんなびっくりしますよ。

ママ　もう、**研究所みたいにしたらって言ってますよ。**

迫川　商品開発じゃないですか。企業だったら、相当時間とお金かけますよ。

河野　そうそう、**おれは食えばわかるから。**

肉屋をやめたわけ

迫川　それで、お肉をやめられて、お肉屋さんではなく、ソーセージ、ハム一本に絞られたじゃないですか。それっていうのは、強い思いとかあったんですか？

河野　ちがうちがう。うちは最初が肉屋だから肉といっしょに並べてたでしょ？　そしたら、どうせ古くなった肉をソーセージにしちゃうんでしょ？　って客に言われたから、それで、ふざけんな！　って頭きて。

迫川　それがきっかけですか！

河野　それでもう、生肉と並べるのはやめようって。店の名前は最初シュバイネガルテン〔金の豚の意味〕っていうのを候補にしてたんですよ。だけどやっぱり、東金屋は、親がやったし、生きてるうちは捨てたくなかった。で、マイスターが憧れだったんで上につけて、マイスター東金屋。あとフランツって候補もあった。おれの師匠の名前。あとセミナーで知り合った世田谷の富永さんっていう人かな。その人のところに、出入りを許されて。バイクに乗って、毎週日曜通ったんですよ。朝から行って、店番したりしながら、手伝って、夜になってちょっと教わるんですよ。

品物ができると完結しちゃう。そこを家内が補ってるんだ

井野　やっぱり勉強熱心なんですね〜。

ママ　どこそこにドイツ人がいる？　じゃあ行ってみようって（笑）。

河野　あるドイツ人にしつこくソーセージのこと聞いて怒られたよ（笑）。ドイツ人が全員ソーセージつくれると思ってんのかってね。

ママ　**ドイツ人イコールソーセージ**って、頭の中が（笑）。

河野　日本人は全員が鮨をつくれるのか！って言われちゃってね。申し訳ありませんって謝りましたね。おれの視野が狭くて。でも、夢中になっちゃう。もう馬鹿だからね。品物ができて、本当はそれが売れないとだめなわけでしょ？　だけど、**できたらうれしいわけですよ。**自分のなかではそれで完結しちゃってるんですよ。だって、そのできた物をお客さんに買ってもらわないと、一文の値打ちもないわけです。商売だから。だから、売れる品物をつくらなくちゃならないの。いくらおれが旨いって喜んでたってだめなんですよ。そこは大事なんです。それがわかんない(笑)。家内に、「あんた、できた！　できた！」って喜んでんじゃないのよ」って。「わたしがどうにかして売らなきゃいけないのよ」って。「そっから売れなきゃ**一文にもなんないのよ**」って。

迫川　そういうとこ、ちゃんと役割分担があるんですね。おもしろい。

河野　家内がいなきゃ、おれは全然だめですよ。おれは仕事馬鹿というか、本当にそればっかしになっちゃうから。いつも家内が誘導してくれるっていうか、本質的なとこがすぐスパっと見えちゃうんでしょうね。おれなんか、形にこだわっちゃうから、本質がわかんないんだけど。

小学生のときに食べた肉の味

井野　最初から、こういうソーセージをつくりたいというイメージはありましたか。

河野　ユキエハムが目標でした。子どものころ食べてたウインナー。

迫川　ドイツのソーセージではないわけですよね。

河野　そうそう。だって、まだドイツのソーセージなんて知らなかったもん。中堅メーカーだったから、大きい会社の値段競争に巻き込まれちゃったんだよな。ひと袋がこっちは200円であっちが100円だっていうと、200円がまったく売れなくなっちゃうもんだから、自分たちも100円のソーセージをつくちゃったんだな。でも100円のソーセージをつくるためには、添料を入れなきゃなんないんです。同じクオリティまで下げなきゃなんない。そうすると、同じ土俵で勝負することになって、やっぱりネームバリューにかなうわけないんです。ユキエハムと、テレビでCMやってる大手メーカーとかと比べられるとさ。結局クオリティ下げて値段で対抗して。どっちもクオリティが同じだったら、大量につくるほうが勝つよ。

ママ　薄利多売のほうがね。でも、ホント美味しかったもんね〜。千葉の中堅メーカーだったけど美味しかった。

井野　その味を、ある意味どこかで継いでるんですか。

ママ　そうそう。ロースハムもそう。

河野　ウインナーにも面影が残ってますよ。

ママ　この辺のお客さんが「昔の味ね」って言いますよ。

井野　東金屋さんのを食べると「東金屋さんの味」っていうのがはっきりとあるってことなんです。それは、なんでこの味なんだろうというのが、すごく興味があるところなんです。それは、じつを言えば、ユキエハムという……継いでるものがあって……。

河野　子どものころ食べてた味を舌が覚えてて、それを再現したかったんですよ。ユキエハムはもうないんだから。いちばん最初に思ったのは、「**美味しいソーセージが食べたいね**」っていうことだから。

迫川　わたしは東金屋さんのソーセージ・ハムをはじめて食べたときに、**明確なイメージをもったソーセージだなって**思ったんですよ。

河野　そう。どうやったら旨くなるかって、それだけですよ。やっぱり一言で言ったら、肉を見る目に一日の長がある、やっぱりそこじゃないですか。よく、「ドイツで3年修業しました」みたいなお店があるでしょ？　肉屋の人が3年やったんだったら大したもんだと思うけど、それまでサラリーマンだった人なんかが修業に行くわけですよね。そうすると、スネ肉ですって言われたって、「それどこですか」から始まるわけですよ。

ママ　肉屋だったらイメージが湧くの。

迫川　**この肉はこうしてあげるといちばん喜ぶみたいな。**

河野　ある肉をこういうふうにやると全部美味しく食べてもらえるんだよ、っていう。アスピック〔ベルクの人気メニュー。豚のゼリー〕なんてそういうことなんです。

ポークアスピックのすごさ

河野　あそこの肉は、アスピックでいちばん活かせるんだ。素人だと、あのやわらかい肉をほかのところにみんなポーンと使っちゃうんだ。ソーセージに使っちゃうわけですよ。

ママ　だから、お肉でも高級な場所はとっといて。ロースはロースでハムにして、肩は肩でまたちがうところに使って。そういうふうに考えないとね。で、アスピックの場所は企業秘密だから○○〔伏字ですみません〕って言うけど（笑）。○○は本当に肉屋じゃないと知らない。

迫川　へぇー。じゃあアスピックは○○をどういうふうにしてやろうってところから。

河野　そう。○○はやわらかいんですよ、肉が。本当にやわらかいんです。だからもったいないんです。

迫川　○○に誰も気づかないで終わっちゃうのがもったいなかったという……。

ママ　だからね、業者の人が聞くの。どこの肉でつくってるんですかって。それは内緒よ（笑）。
河野　それはあの部分に気がつかないと。
ママ　肉の場所を教えてあげてもつくり方はわかんないよね。
稲葉　ソーセージ屋さんをやろうと思ったら肉屋さんからはじめろってことですかね。
迫川　肉を知らないといいソーセージつくれないですよね。肉を活かすっていうのもあるけど、本当に愛情ですよね。その肉をとにかくいちばんいい状態にしてあげたいっていう。
河野　活かしたいんだよね。適材適所で。
迫川　それが伝わってくるんですよ。それをさっき、「イメージ」っていうふうに漠然と言ったんですけど。東金屋さんのその思いが入ってるから。最初にポークアスピックをいただいて、ぶっとんだんですよ。でもそこが本当に始まり。いまでも覚えてますよ。
ママ　だから大量にはつくれませんよ。お客さんには断ってるけどね。お店にも置かないもん。そればっかりください って来るから。
迫川　ベルクでもインターネットでも１人１個まで。
市原　本当に無駄を出したくないっていう。ベルクも、本当にケチ根性はすごいから。
ママ　あらそう？　そういうとこ似てんのね（笑）。

塩の使い方で全然ちがう

稲葉　ほかのお店のソーセージを、迫川さんはどう感じるんですか。
迫川　全然ちがいますよ。塩加減もそうだし。マスターが「塩のこと、よくわかった

ね」って言ってくださってうれしかったけど、塩はすごく大事だっておっしゃいましたよね。いわゆる自然食屋さんのソーセージとも塩加減がちがう。ベルクには色んなお店が売り込みにも来るし、わたしも色々食べてみるんですけど、塩がちがうの。他店のソーセージはかえって塩をナメている感じがしますよね。東金屋さんは肉を活かすために塩を使ってる感じ。ほかのソーセージは肉が活きてないんです。塩の存在意義がちがう。

河野　もちろん、生ハムやサラミなんかには、アルペンザルツという高い塩を使ってます。だけど、それをソーセージつくるのには使いません。

迫川　値段もどんどん跳ね上がっちゃいますしね。

河野　そう。なんで高い安いがあるかっていうことです。みんな、クオリティに見合った高さじゃなければだめで。ただ、やたらに高けりゃいいってもんじゃないですよ。やっぱり、無駄のないやり方ってのはひとつしかないんです。自然とそれに集約されちゃうんですよ。

高いものを使って質と効率を上げれば実質上の値下げ

河野　サラミとか生ハムとか、腕が必要なものをやろうって、10年まるまる試行錯誤です。それでドイツに何種類かもっていって、すべてが金賞（笑）。

ママ　お客さんから「どれが金賞なの？」って聞かれるけど、全部がそうなんですよって。同じ人がつくってんだから。一品一品もってったら大変だからもっていかなかっただけだって（笑）。

河野　ベルクさんに出してる、ベルクブルストと、ポークハムと、メットブルストと、それらはもっていって。
ママ　ベルクブルストのジャンルはないでしょ、ドイツは。
河野　うん、そうなの。肉粒を入れるから。
ママ　あれはかなりむずかしいよ。腸の中に粗挽き肉を入れるのはテクニックがいるわけ。
河野　よそでつくれないってことはないだろうけど、手がかかって面倒くせえから、やりたがんねえよね。
ママ　カットしてないタイプしか売ってないでしょ。要するに腸がよくなければあれは滑らないんだよね。すごいテクニックがいるのよ、あれは。だって喧嘩しながらつくるんですよ。ちょっと腸が切れちゃったりなんかするとこの人がブチキレちゃうの。

河野　安い腸を使うとダメなんだ。ちょっと発想を変えたっていうか。
ママ　代理店ではなくメーカーに直接、高くたっていいからきれいな腸をもってきてくれって。
河野　で、当たりがあった。高いんだけど、能率はぜんぜんちがうじゃないって話よ。3分の2の時間でできちゃう。
ママ　いままでは娘と3人でやってたんだけど、2人で用が足りちゃうもんね。
河野　150キロ、本当にすぐです。本当に金なんだよ。高いんだけど、**かえって時間単価は安くなっちゃうわけ**。だから、安い安いばっかしじゃね。ケチだけどそういうところはやっぱり金だな。

値上げせずにやってこれたわけは？

迫川　色んな原材料が値上げしたときにも、

すごい工夫をされて……。

市原　普通は安くするところを高くしちゃった。逆転の発想ですね。

迫川　いい腸を使って、でも時間は短縮されてるから、本当の値上げよりは下がってるっていう。そういうことですよね。

ママ　そうそう、やっぱり職人は時間だから。

迫川　だから、価値からいったらすごい上がってるのにマスターの腕で安くしてるってことなんですね。パンの峰屋さんも手が早いから天然酵母なのに安くしてくれてるっていうのと通じるところがありますよ。

職人たちの工夫と腕で、ベルクではなんとかあの値段で値上げせずにやってきたっていう……あれは奇跡ですよね。

河野　ほかの品は値上げせざるをえなかったけどね。主力商品のポークハムとベーコンとベルクブルストだけは値上げしないで頑張るからって言ってね。

腕より舌！

河野　いま思うと、おれは子どものときから肉屋の手伝いしてて、小学校6年生のときからひとりで店番してたんですよ。それで、店の板前がおもしろがっておれに教えるわけ。肉の名前だとか部位の名前だとか仕事のやり方だとか。配達もおれが行ってたんですよ。だけどそういうふうに肉を覚えて、親からも小遣いもらうし、おれが店番してるときは店から勝手にお金とっちゃって（笑）。高校生のころなんか、おれはすごく金持ち。それで、色んなところに食べに行ってたわけ。生意気だった。千葉商業行ってて、付き合うのは商店の倅《せがれ》でしょ。千葉市の商店のほとんどの野郎はそこに来てたから、みんなと知り合いになっちゃうわけ。家の店番なんかして金もってる野郎は、洋服屋でみんなでお揃いのアイビースーツなんかつくってね。わたしは子どものころから親には「旨いもん食い」だって、ずっと言われてたの。大きくなってからもやっぱり。料理研究家の辻静雄さんの本にも出てくるでしょう。つくるのは腕でつくるんじゃないんだ、舌でつくるんだって。辻さんが修業に行ったフランスで、三ツ星店のマスターが死んじゃったんだけど、奥さんがいるから問題ない。同じ味が伝承できるんだって。コックは何人変わったって大丈夫。その奥さんが旦那のつくった味を知ってるから、この味はちがうとか指示できれば、いくらでもその味が伝承できるって。だから**旨いもん食いじゃなければダメ**なの。よくみんな腕がどうしたこうしたって言ってるでしょ。そんなもん、誰だってできるの。さっきも言ったみたいに、うちで1週間しか仕事見てねえのに、自分のところに帰って道具さえあればできちゃうよ。そういうところで競争してたってしょうがねえなってことなんです。

赤ちゃんの舌がいちばん正直

ママ　レバーは好き嫌いがあってね。うちのはレバーが嫌いな人でも食べられるのね。

迫川　お客様から、ほかのは食べられないけど、ベルクのは大丈夫って言われます。全然ちがいますよね。赤ちゃんですごいファンがいるの。乳母車で来る赤ちゃん。で、お母さんがレバーを買って、赤ちゃんがちゃんともって帰るんですよね。赤ちゃんがファンなの。「この子はこれが好きでね」って言って。

河野　小さい子どもたちがいちばん正直なんですよ。

迫川　赤ちゃんにファンができるって、いちばんたしかなことですよ。あと、やっぱりお子さんで、ベルクドッグしか食べないっていうね。お父さんお母さんはせっかく新宿に来るからレストランに行きたいんだって。ベルクはコーヒーだけにしようと言ってるのに、子どもが食べたいっていうから、結局うちで食事となってるの（笑）。

井野　でも、その、腕じゃなくて味覚っていうのはさ……。舌が味を覚えるのってすごいことですよね。

河野　いつもお客さんと話すときに言うんだけどね。審美眼っていう言葉があるでしょ？　だけど、味でそれを表わす言葉がないんですよね。

マイスター東金屋と出会って

井野　最初に、ポークアスピックで参っちゃって、なんとか東金屋さんのソーセージをベルクでやりたいって言って、それから1年かかったんですよね〜。

迫川　最初はビーフジャーキーを店頭販売というか、それで信用を築いてコツコツと。

井野　ここに来て、**とにかくやりたいんで**すって言っても、まあ得体の知れないお店だし（笑）。だから、ソーセージを始められたときはうれしかったですよ。

河野　店長が最初に、いまのソーセージは60グラムだけど、いまと同じ値段で東金屋さんの価格だとがんばって50グラムしか買えないなって。それで出してみて、ソーセージが小さくなったねって言うお客さんひとりもいないって言ってましたよね。それ

は中身の充実ぶりでカバーできたんだなと思って、うれしかったですよ。

ママ　たいていね、ベルクでソーセージとドッグを食べてきて、あそこで食べたソーセージを買いたいってうちに来るんだよね。

河野　お客さんがね、ベルクさんとこには文化があるって言ってたけど、おれ本当にそうだと思った。文明じゃないんだよ。文化だって言うんだよ。おれ、けっこうそれがうれしかったの。

井野　どうなんですかね（笑）。まあ、独特の雰囲気がありますよね。

河野　だからみんなそれを感じるんでしょうね。だからそのフレーズは気に入ってるんですよ。

お客様がいちばんわかっている

迫川　東金屋さんと出会って、より食材に気を遣うようになりましたよね。

河野　うちのやつは保存料が入ってないからね。すぐ駄目になる。

迫川　でもある意味当たり前のことなんですよね。だから、スタッフに対して、スタンバイをすごくうるさく言うようになりましたね。**スタンバイするな**って。やっぱりスタッフは、時間があるときにいっぱい準備しておきたいものなんですよ。で、朝、ひまなときに、夜の分まで仕込みたがるんです。でも、そうすると、開けてすぐ味が変わっちゃうから、夜出るものは夜開ければいいじゃないって怒る。

井野　本当はその場で開けて出したいぐらいなんだよね。注文があったときに開けたい。

稲葉　普通のお店だと逆ですよね。店長が「準備しとけ」って言いそうですよね。

井野　峰屋さんのパンにしても同じですよ。

迫川　パンだって、その日の朝と夜で全然ちがいますからね、表情が。だから、やっぱりこまめに出すっていうのがいちばんですよね。そのほうが美味しいし。

河野　そこらへんが美味しい秘訣ですよね。

市原　わたしも器用じゃないんで、やったほうがラクってことは徹底してやる。逆にやったりやらなかったりの判断がむずかしいんです。だから、とにかく時間がくるまで開けないとか、**そっちを徹底したほうがじつはわたしたちもラク**（笑）。

河野　よそのハムとかソーセージだったら、ほったらかしといたってなんとかなるんだけどね。うちのを使って、十何年間でそれが徹底されるようになったんですね。

井野　食材を食べ物だとあんまり思えなくなるんじゃないかな。冷凍品なんかを使ってるとね。

迫川　ほかのお店から来た経験者はとくにそう。そういう意識を変えていくのが大変なんですよ。

迫川　ベルクに入って、その空気を感じてもらって、赤ちゃんに戻ればきっと全員わかる、みたいな感じですね。普通に食べて、自然に、ああ、なんか染みるなあって。ふわっとわかっていくような感じじゃないですかね。

市原　でも、わかりますよね。女子高生とかホストのお兄さんとか、みんなわかって食べてるもん。「なんかここ全然ちげーよ」とか言って食べてる（笑）。そういう感じで通ってくれてるんだから、やっぱり、普段はマックとかで食べてるかもしれないけど、うちにわざわざ来てるから。

河野　そういうことですよ。わたしたちはベルクはすごく安いと思ってるけど、同じホットドッグでもそれより安いやつがあるのに、ベルクに来るんだから、完全にわかってるから来るわけなんですよ。

稲葉　だけど、そういう店はあまりないですよね。奇跡が起きてる店だと言ってる人がいたけど、奇跡が起きてるんですかねえ。もっと色んなところに、自分が降りる駅にあってもおかしくないですよね。そこは不思議な気もする。

井野　すごく特別なことをやってるという意識はないんだよね。

河野　本当に希有な存在だから、奇跡なんでしょう。

ソーセージは料理

河野　ベルクドッグになにもつけないで食べてくださいっておれが勧めるのは、本当にソーセージとパンのアンサンブルが味わえるのはそれしかねえからです。

迫川　あとはお好みでね。最初はやっぱりそのまま召し上がってほしいですね。

河野　そこは大事だと思う。お客さんに噛みしめながら食ってもらうと、なるほどなあって。一回、ベルクドッグの組み合わせで食っちゃうとね、ほかのホットドッグが物足りなくなっちゃうんですよ。中に肉粒が入ってないと。やっぱりホットドッグになったら、これにとどめ刺すなって。

ママ　プチッて食べたときに、脂というか、肉汁が飛び散るよね。

迫川　たとえばソーセージもハムも、そのままボイルしたりカットするだけで、料理として食事になって食べられるじゃないですか。で、ベルクの場合、峰屋さんのパンと、東金屋さんのハム、ソーセージと合わせて出すだけ。東金屋さんは職人としてソーセージをつくってるんだけど、食べられる状態でお肉を調理して届けてくれるわけです。だから、料理としてベルクにやって来てるという感じがしたんですね。だから、わたしたちのやってることというのは、料理されたものを、そのままの美味しさを損なわずに、美味しい状態でお客様にお出しする。まあ、それは昔から思ってることですけど、あらためて、それがわたしたちベルクのやることだって思ったんです。

河野 同じように、うちはソーセージは**キワモノ**だって言ってますよ。準備をしとけないんですよ。何週目につくるから材料を集めといてくれっていうのがなかなかできない。いちばん新鮮なやつを使いたいから。

ママ なにかが足りなくなるから、どこにだから毎回綱渡りみたいな。

も出かけられないんですよ。

迫川 つくり置きして、休めないんですね。

河野 このごろハムがすごく出るね。少しずつ量を増やしてるんだけど、その日つくったやつは袋にパックしないで。朝早くつくって、朝から宅急便に来てもらってる。それでいいと思ってるんですけどね。キワモノだから。

出し方にもメッセージがある

ママ マイスターベーコンはどう出してるの?

迫川 大きいまま出してます。

ママ ああ、そう。ずるってベーコンだけ出ちゃわない?

迫川 それがまたいいんです。なかなかあれを歯で嚙み切ることってないですよ。あれだけのものを。それを体験していただきたい。あえて切り込みは入れないんです。

河野　8年ぐらい前にスモークチャンバー替えてから、ベーコンがより旨くなったんですよ。ベーコンは自分のもってる水分だけで、ああいうふうに煮えちゃうんですよ。だから、周りに湿度をなんにも出さないんです。だから、スモークフレイバーもずっと残ってるし、嚙むときに、スモークフレイバーが、鼻に抜ける感じが旨いですよ。

ママ　ソーセージもスモークの香りがいちだんとよくなったんですよ。機械が慣れてきたんじゃない。

ママ　使いこんでからは美味しくなった。

迫川　**美味しくなって値段据え置きで**。すごいな。ありえないですね。

河野　だから安いほうの値段と比べりゃ高いと思うけど、JAS規格で言うと、うちのやつは特級。JASで上級品で通用してるベーコンの値段からすると、うちのは激安。うちの値段の1・5倍、2倍、平気でしてるんですよ。

自分の舌で探すこと

市原　いまは白ソーセージをもっと食べてもらいたいと思ってるんですよ。

迫川　日本人には馴染みがないから。なかなか出ないんです。でも美味しいから。

稲葉　人気タレントが言えば流行るんじゃない（笑）。

河野　それこそワインなんてのは、そこのところが大きいから、ソムリエが必要なんでしょうね。うんちくって能書きを言わないかぎりむずかしいんだよ。

ママ　日本人ってブランドが好きでしょ。誰それが美味しいとか、お墨付きがあるやつが好きなんですよ。

井野　自分の舌を信じてあげれば絶対わかるはず。

稲葉　赤ちゃん問題なんですけど……。某ファストフードとかね、少年野球のスポンサーになって、大会で自社商品を宣伝する。そうすると、大人になって懐かしい味みたいにしちゃえば、ずっと食べてくれるから。子ども時代に色んなところで刷り込む。ま、僕もマック好きなんですけどね（笑）。東金屋さんの味に一度やられちゃうと、**こんなおれでも舌ってあるんだなって思います**よ（笑）。

ママ　食育ね。

市原　フランスで子どもに一流のフランス料理を食べさせるとか……。

河野　スローフードは金がかかるし。それだけの余裕がないんでしょうよ。

稲葉　インターネットの口コミを鵜呑みにしたり……。

迫川　だってせっかく自分で探す楽しみを放棄しちゃうことになるわけでしょ。そこから食の楽しみが始まるのに。回り道したくないんですかね。いきなりポーンって正解に行きたいのかな。

稲葉　なんか騙されたくないみたいな、そういうのあるんすよ。ひがみ根性？　おれは不味い店で食いたくねぇぞって。

迫川　自分で選べばたとえ不味いものでも、**それはそれで楽しもう**っていう気になりません？　失敗も。

稲葉　本なんかもそうですよ。ランキングで買われてる。ランキングの上位で、売れてるものはさらに売れるんですよ。本は極端。誰も読んでなさそうものを手に取って読もうって人はあんまりいないんですよ。だから売れれば、評判になれば、みんなに競って読んでもらえるんですけど。

気持ち悪い食品

河野　そういう意味でもベルクを発見したお客さんは本当にラッキーなんですよ。おれの考えではとても無理な値段で出してるんだもん。たいがいの飲食店はうちのをやってみても、ガツンと売れないと次々にやっていけなくなる。段々だるくなってきちゃうわけです。残ったりなんかすれば最悪だよ。うちのやつなんんか。

ママ　何日くらいもちますかって聞いてくるから、開けたらもう2日ぐらいで食べて、1週間ぐらいを目安にしてってって言うと、「そんなに保たないんですか?」って。そりゃそうでしょう。**家でつくった肉の煮物と同じでしょって。保つほうがおかしいんです。**それでね、昔、某大手メーカーがうちに営業に来たの。挽き肉の中に入れたら、カッティングしたような肉になっちゃう粉をもってきて。

河野　酵素でその肉が溶けちゃうんですよ。溶けちゃうっていうか、繊維がボロボロになるんですよ。それはまだカッターもなにもなかったときの話ですけどね。こういう風にすればソーセージができますよってデモンストレーションで来たのよ。

ママ　でも、うえ〜気持ち悪いと思って。そのメーカーのものは絶対に買ってやるかって思うよね（笑）。薬使ったらなんでもできるみたいね。

迫川　もう食べ物を超えてませんか、それ。

みなさんやりましょうとは言えない

河野　だからソーセージを最初につくっても、まず売れ口がないと。それで競争していって認められていく。美味しいからってそれを無条件で受け入れてはもらえないですよ、値段もあるから。最初から国産、生鮮さにもこだわれば、結局、廉価な品物はできないわけでしょ。

迫川　さっき機械も1000万円するとなにげなくおっしゃってましたけど。

ママ　うちなんか徐々にこれだけ揃えたからいいけどね。若い人がいっぺんにゼロからそろえるなんて無理だもの。

河野　**優秀な道具が美味しい製品を生み出すんです。**ソーセージばっかりはね。ドメスティックタイプのソーセージをつくるのには、優秀なカッター、優秀なスタッファー、優秀なスモークチャンバー、それらがみんな美味しいソーセージをつくるための必須の条件なんですよ。だから安価な道具より高価な道具を使ったほうがソーセージは美味しいんです。それはもう間違いない。

ママ　銀行なんかも「ソーセージ屋やるからお金貸してください」って言っても、「ソーセージ屋？」って言われちゃったよね。貸してくれないの。ここまで多額の融資の前例がないから。

河野　設備投資の金額が売り上げに対してあまりにもでかすぎるって。いままでの肉屋のイメージだと、スライサーの100万円は貸すけど、700万円のカッターだ、800万円のスタッファーだ、っていったら桁がちがうから……。「それで売り上げはいくら見込めるんですか？」って言われて、日に3万円ですって言ったら、それじゃあやっぱり貸せないですよ。事業計画として成り立たねえから。だから若い人たちだって、よっぽど金があって親が金もってて一式揃えてから1年間やってみろとかって言うようなシチュエーションができない限り、自分で金を借りて貯めた金を頭金にして道具をリースで借りるにしろなににしろ、やってそれで全然売れないことを想定して1年間頑張ってみようってつもりじゃなければ、みなさんやりましょうとは言えないです。

コーヒー職人　久野富雄さん

久野《ひさの》富雄《とみお》
1957年東京都生まれ。コーヒーのソムリエ。（有）コーヒーファクトリー代表取締役社長。趣味はドイツの車。

コーヒー職人の豊かさ

コーヒーほど、製造過程が見えにくい食材もないかもしれません。豆の栽培からして、地球上のごく限られた場所でしかできないのです。気候条件と土壌条件が厳しくて、日本で可能性があるのは沖縄くらいでしょうか。

コーヒーは、生産地がいわゆる第三世界（途上国）に集中し、消費者が先進国に集中するため、両者の歪んだ取引関係が問題にされることもあります。

またコーヒーは、栽培のみならず、焙煎も挽きも抽出も専門技術を要します。もともと生産地においても、コーヒーは家庭で気軽に飲めず、お店で出してもらうものでした。そこは酒場や浴場と並んで人々が集う場所でした。いわゆるカフェのはしりですね。

日本ではインスタントコーヒーが全国津々浦々まで浸透したことで、一気に国民的飲み物になりました。そのせいか専門技術と結びつきにくいイメージもありますが、それ以前に欧米のカフェ文化が輸入され、それなりに根づいていたので、コーヒーとカフェはやはりセットになっています。

とにかくこれだけ手のかかる飲み物が、これだけ世界的に飲まれるようになったのですから、コーヒー自体とそれをとりまく文化的（ときに政治的）雰囲気は人をひきつける魔力を秘めているのですね。

久野さんは、その魔力にとりつかれ……**もう一体化しています！**　はじめコーヒーかプロ野球選手かという二者択一があって、コーヒーの道を選んだそうです。他の職人たちもそうですが、久野さんのコーヒーの話をしだしたら何日も止まらなそうです。

わたしたちは久野さんのコーヒーの世界（久野さんは豆の目利きであり、調合と焙煎の職人であり、アドバイザーでもある）にはまりました。

久野さんの豆が気に入ったから仕入れた、というだけでなく、「久野ワールド」に導かれるようにしてベルクの方向性が見えてきたところがあります。わたしたちにとって久野さんは、兄とも師匠とも同志とも戦友ともよべる存在なのです。

インタビューでは、専門用語も頻出しますが豊穣な「久野ワールド」の一端にふれてみてください。

「マシン」を凌ぐ「マメ」のチカラ

迫川　久野さんとはオープン（１９９０年）からのお付き合いですね。

久野　もう20年だね。ベルクさんがオープンしたころは、ブレンドのレシピを大学ノート50冊につけてました。もうそのノートはないんですよ。いまでも全部頭に入ってますからね。忘れないもんですね。

昔、御徒町のＷＭＦ（ベーエムエフ。ドイツのコーヒーマシン・メーカー）のショールームで、いちばん最新の豆をもっていってテストしましたね。僕たちは「焙煎（火にかける）したてがいちばんいいんだ」、「鮮度があって美味しいんだ」っていうことで、それをかたくなに守ってやってましたけど、そのために、なかなか味が出なかったんです。当初は「**コクがほしい**」ってね。で、そのころは、ショールームには5種類ぐらいのブレンドをもっていくんですね。で、みんなパスはするんだけど、店長がなかなか首をたてに振らないわけ。プロ中のプロのコンサルタントの押野見（喜八郎）さん（ベルクのコンサルタント）がいらしたから、店長としても妥協はしたくないと（笑）。「この味だ」っていうのを押野見さんに示したいのもあっただろうしね。こっちはこっちで、たとえば「きょう4時からテストをしましょう」ってなると、1時とか2時に焙煎して、ほっかほかのできたてをもっていくわけですよ。だから味が出ないんですよね。それもあとからわかったことなんだけど。

迫川　わたしたちが久野さんを知ったのは、ホテルレストランショーでしたね、エグロ社のブースでした。

久野　あの当時は、ほとんどが泡立ちコーヒーっていう時代でしたからね。ですから、エグロの専務は、1ヶ月ぐらい前に「今回のコンセプトはこうで、こういう味にしたいんだ」という依頼を必ずしてくるんですよ。で、こっちでサンプルをつくって調節して、展示会の前日あたりに20キロ入れてくれとかの注文がよくあったんです。で、そのときもメーカーの西山さんがたまたま担当していて、たまたま豆を送ってあげて、そこにたまたまベルクさんが立ち寄ってくれたっていう。

迫川　断トツにちがいましたもん！　ほかのブースでも色々飲みましたから。結局マシンを探しにいったのに、こんな味に出会ったものだから、「これはマシンではなく、コーヒーが美味しいんだ」と思って。「**豆がいいんだ**」ってね。

井野　ホント久野さんという存在を見つけられてよかった。でも、あのときは、コーヒーがよんでましたから。

迫川　ほかのを飲んだときに、薄っぺらい感じがしてたんですけど、久野さんのを飲んだときに、**ぎゅっと詰まってるような味**がしたんです！

久野　やっぱり鮮度があるじゃないですか。まず、クレマの中には甘みを感じられるんですよ。だけど、クレマがなくなったときに普通のコーヒーになりますよね。そのときに、ある程度コクを出してくれというような要望があるんですよ。あのときは、うちのコーヒーでエグロの機械がけっこう売れたんですよ。実際機械もいいんだけど、ほかは豆が悪いんじゃないですか。

井野　自分たちにとってはあの出会いがあまりにも強烈だったんで、ベルクでも「やっぱりエスプレッソで」と思っちゃった。だけど、素人考えだったんでしょうね。やっぱり押野見さんが「とんでもない！（やめとけ）」って。もうそのときは「ベルクは押野見さんの路線でいこう」というのは決めてたから、「ああ、そうなんだ」と思いつつも、けっこう葛藤があったんですよね（笑）。

　まあ、当時はベルクもどういう店になるかなんて、イメージもないし漠然としてますからね。だけど押野見さんには明確にあるわけですよ。だから「エスプレッソマシンで一杯何十秒もかかってたら、たまったもんじゃない」って言われても、僕らはわかんないわけですよ。「**20秒ぐらい、いいじゃん**」って思うわけですね（笑）。でもそれはやっぱりとんでもない話で、やってみてはじめてわかったんですけどね。その通りだなって。

　だからドリップのマシンでやることになって……ドトールはＷＭＦを使ってたんですよね？

久野　そう。あの当時は正直言って豆の相場もそんなに高くないし、低価格で提供できた時代ですからね。たしかあの当時は業務用の卸しで、１キロ１５００〜１６００円ぐらいの時代ですよ。いまはそこから５００〜６００円高くなってますけどね。だから、あの時代はそれなりの豆が使えたんです。いまみたいにロブスタ（低価格、低品質の品種）を使ったりという時代じゃなかったですから。ほとんど１００パーセントアラビカの豆を使ってましたから。だからあの当時のドトールの味といまのではちがいますよね。

井野　ドトールって画期的だったわけです

よね、その後スタバが来たわけですが。ベルクもある程度はドトールさんをモデルにしているわけです。マシンもかなり探して、一度はあるマシンに決めたんですよ。デザインもかっこよくて、ドリップのスピードもわりと早いし。だけど、ドトールの店をいくつか回ってるときに、止められたんですよね。3ヶ月に1回故障するからって。結局、いまはないですもんね。

僕にまかせてくださいっ！

井野　そんな形でドトールの経験を参考にさせてもらいましたね。だからWMF《ベーエムエフ》にしたんですけどね。安定してるっていうことで。

久野　でも機械の話に行くまでには、まだカッピング〔コーヒーにおけるテイスティング。香り、風味を確認する〕があったんですよね。5種類ぐらいのレシピで、焙煎は変えずにベルクさんにもっていって……。みんな合格は合格なんですよ。味も香りもいいねと。

だけど、焙煎したてだからどうしても軽い味になっちゃうんですよ。それでまた悩んでね。「ドリップマシンでコクはどうやって出せばいいんだ？」っていうのをね。そんなことを悩みはじめたのが、オープン一週間前だったんだよね。

井野　けっこうギリギリでしたね。やっぱりそうなっちゃうんですよね。前から準備はしてるんだけど、どんどん開店は迫ってくるし。「たぶんこれは25日には開かないな」と思ってたんですよ。駅ビルの人にも「1週間や2週間遅らせればいいじゃん」とか言われて。だけど「うちの店は絶対開ける！ 25日に絶対開ける」って。でも24

日の夜中までやって、それで25日の朝になったら、まだ準備もできてないのに押野見さんがガッと開けちゃったんだよね（笑）。

久野　本当に**「明日オープンできんのかな？」**って思ったぐらいでしたよ。だけどブレンドのレシピのほうも、そのオープン前日に決まったんですよ。

店長から、もうまかせるって言われたの。変な話、どれも可だと。あとはやってるうちに色々相談しながらやりましょうよってことでね。それで「じゃあ僕のほうで」って言ったのが、（レシピを書いた紙を出して）このレシピなんですよね！

で、オープン前日に15キロ納めたんです。それも、夜中の3時か4時ぐらいにここで焙煎して粉砕して、朝5時半ぐらいの便で僕が自分で運転して納品したんだけど、そしたらその日の夕方ぐらいに電話があって、「明日の豆がありません」とか言って（笑）。「だってきょう15キロ入れたばかりでしょう？」って言うと、「いや、忙しくてもうないんですよ」って。それで、あのころファクトリーは9時まで営業してたけど、焙煎のスケジュールもけっこう入ってたんだよね。だから、深夜1時か2時ぐらいになってから、追加の10キロをまた焙煎して、朝粉砕してもっていったんですよ。そういうインパクトが強くて。よく覚えてますよ。

オープンする3、4日前に、店長と副店長の腹は決まったと。つまり、僕のコーヒーを使うことに決めたと。でも、押野見さんがウンと言わないから、最後に押野見さんを直接説得してくれって、店長に頼まれたの。電話番号を教えるから直接やってって。それで、押野見さんのところに電話して、「僕にまかせてください！」って説得してね。

ベルクブレンドも変化し続けてます

迫川　だから、いまは味は安定してるんですよね。で、ブッシュ（特殊な部品）交換というのがいまだによくわからないんですけど、あれで味が戻るわけじゃないですか。3ヶ月に1回交換で。それにもやっぱり、当たり外れがあるんですよ。毎日どんどん薄くなるブッシュもあれば、そうじゃないものもあるし。今回はほとんど調整しなくてもすごい安定してたし、なんなんでしょうね。

久野　そうそう、「悩むことないですよ」って（笑）。「これがキープできてるなら全然いいじゃないですか」って。

　いまでも舌に残ってるんですよ。最初のブレンドの甘みのあるときが。あのときの

レシピがこれ（紙を指して）なんですよ、ニューブレンドの「1」。これが、あの当時のめっちゃくちゃ甘くてドロっとしてるんだけど、コーヒーっていうね。いわゆる20年前の、オープン当初のレシピですよね。

　これはグアテマラのエルピレールという、あの当時で言うとプレミアムコーヒーですね。いまみたいに農園指定じゃなくて、エリア限定のいいものだけをピックアップしたのがこのグアテマラのエルピレール。このグアテマラを50パーセント使ったのは、さっきも言ったように、WMFのショールームで店長にコクを出してくれと言われたからだよね。コクを出すにはどうしたらいいんだってことで、グアテマラを選んだの。あの当時はグアテマラがいちばんコクがありましたから。

　あと、ブラジルはサンジョゼというエリ

ア限定もの。コロンビアのスプレモは通常品ですね。それからマンデリンのＧ１スペシャル。これは苦みを出すための隠し味ですね。これでしばらくいける、と。
次に例のマタリが入ってきて、それからケニアのブルーシャドウっていう強烈なやつが入ってきてね。
迫川　甘みがググッといくやつですね。
久野　そう。このマタリの№９とケニアと半々で飲んでみた記憶があるんですけど、これの狙いは「なんで酸味が出なくて、こんなにコクが出るの？」っていうところなんですよね。ただ、いま冷静に考えると、たしかにマタリとケニアの強い酸味はあったんですけど、この上のブラジルのシャトーサンタシシリアっていうのがあってね。これがやっぱりポイントでしたね。うちがプライベートでひいたやつなんですけど、これを２年ぐらい使いましたから。途中で日本人のカッパー（テイスティング）の人間がいなくなっちゃったんで、やめちゃったんだけど。こいつがすごくフルーティで、こんなブラジルははじめてだと。

消えてく豆——酸味のコーヒーがなくなりつつある

久野　農園指定の豆を入れたのは、たぶん日本でうちがはじめてなんですよ。シャトーサンタシシリア。
井野　しばらくうちでも出してましたね。
久野　これがけっこうポイントあったかなと。あとはマタリとケニア。
久野　いまはもう、こういう豆はないんですよ。産地状況……たとえば天候の問題もふくめて、もう、こういうブラジル豆は本当にないですね。

このときは焙煎してても最高に楽しかった。まして、ジャーマンローストっていうチョコレートフレーバーのあのよき時代ですよ。いまはコーヒーも農産物ですから、よく商社の人にも言われるのが、「久野さん、昔はね、っていうのはやめましょうよ」と。もうないんですからって（笑）。それだけ豆にも個性があった時代です。たとえばケニアであれば、本当に強い酸味があって、「ああ、これが酸味だね」っていう酸味でしたよ。だけど、いまでもケニアはありますけど、やっぱりどちらかというと中性に近くなってるんですよ。本当に強い酸味のコーヒーっていうのは、なくなってきてますね。

迫川　そういう需要がないということですか。

久野　はい。とくにケニアとかキリマンジャロのように、いわゆるヨーロッパの嗜好が強い豆って、ヨーロッパが酸味を抑えてくれとか言ってくるわけです。

迫川　ヨーロッパの嗜好が、そうなってるんですね。

久野　そう。だから80年代は、ヨーロッパのコーヒーというのは酸味と酸味を掛け合わせてそれでコクを出していくわけです。ですから、キレ味とかスッキリ感がなくて、ドシッとしたコーヒーができた。それはまさしく素材の力ですよね。もちろん焙煎の技術とかもありますけど、基本的には豆の素材がすべて。

　だからこのニューブレンド「1」っていうのが、いちばん印象が強いブレンドでしたね。

　次のニューブレンド「2」のころから、はじめて日本にもシングルエステート、つまり農園を指定して単一農園の豆だけで少しずつ入るようになってきたんですね。うちがコスタリカのファラス農園とホンジュラスのマルチネス農園の豆を、たぶん日本でいちばん最初に仕入れたメーカーですよ。飲むとやっぱり雑味が全然ない。「1」に使ってた、グアテマラのエルピレールとかブラジルのサンジョゼっていうのは、結局エリアでの限定ですから。つまりブレンドされちゃいますから。こっちは**単一農園ですから、雑味が入らない**。その味の差に驚かされた。やっぱり主流は単一農園になってくるのかなって思ったね。

これは言い換えると、生豆を単一農園の豆からエリア指定の豆へ変えたこともありますよね。さっき言った産地の状況だとか、天候不順の問題とか色んな問題がありますけれども。いまはシングルエステートという単一農園の豆が100パーセント主流になって。で、ニューブレンド「2」においては、モカのイルガチェフという、いわゆる水洗式のモカを当時使ってました。非常にフルーティな味を出したんですけども。例のアフリカンエスプレッソもそうでしたよね。このモカが効いてる。だけどこれももう入ってこない。例の残留農薬の基準のちがいによって……。だから本当に変えてるんですよ。この辺のブレンド「2」あたりは、そのときの状態によって、たとえば「4:3:1.5:1.5」にしたりとか、「4:3:2:1」にしたりとかは、われわれのほうで勝手にやらせてもらってましたけどね。

井野　（レシピを指差して）「1」の次がいまのベルク・ブレンドの現状ですか。

久野　現状と言っても、毎月変わるけどね。じつは、エリアはちがうんですけども、さっき言ったブラジルのシャトーサンタシシリア農園に非常に近い味の、いわゆるナチュラルな味が出ないんだ。いまはウォッシュドとかセミウォッシュドという**水洗式精選法のブラジル豆**が日本の主流になっちゃったんで。つまり焙煎が深い、エスプレッソみたいなビター系のコーヒーは、水洗式の豆のほうが味が強く出るんですね。味が強いというか、味が固いと言いますか。

ナチュラルな豆

久野　本来、ベルクさんがオープンした当時のレシピで使っていたブラジルのサンジョゼっていうのは**ナチュラル式精選法の天日乾燥**なんですよ。昔はモカ、ブラジルっていうのは100パーセントナチュラルでした。それが、水洗いした水洗式のほうが天日乾燥する時間も短縮できて、豆の見た目も綺麗になりますから、生産者がヨーロッパに高く売れると。そんなことで、いまはブラジルの7割ぐらいが水洗式のコーヒーに変わっちゃったんですね。それでやっと久々にナチュラルの、しかも単一農園のブラジルを入れたんですよ。カンタガロ農園っていうね。いまはそれを2割ほど使わせてもらってます。

迫川　それはすごい貴重ですよね。

久野　やっぱり香りがちがいますよ。全然ちがう。最近感じませんか？

　単独でこんなナチュラルなブラジル……**これは使わざるをえないよ！**

迫川　それだ！　きっと。香りはもちろんいいんですけど、顔に近づけたときの豆のフレーバーが幸せな感じになるんですよ。

久野　それのおかげで、やっぱり甘みがついたからね。（ここでコーヒーを出して）

これがまさしくベルクブレンドです。ベルクブレンドをペーパーでハンドドリップで落とすとこういう味になるんですよ。いつもマシンでしょ？　これがいつも僕たちがテストしてる味なんですよ。マシンとちょっとちがいますけどね。

井野　美味しいですよね。どしっとして。

久野　これが現状です。ただニューブレンド「2」から現状のブレンドにいくまでに、配合率を若干いじったりとかはありましたけどね。現状としては100パーセント農園指定、全部100パーセントのスペシャリティですね。

迫川　すーっと飲みやすくて、すごく広がる感じがある。

久野　僕はいま、これ気に入ってるんですよね。このブラジルがニューブレンド「2」の……ブラジルのカルロシ・グロッシ農園ってありますよね。これが、うちがはじめて農園指定を入れたスペシャリティなんですけど、これはイタリア人が経営してる農園なんですよ。カルロシ・グロッシっていうのは生産者の名前です。イタリア人の農園の豆なんで、まずセミウォッシュ。水洗いですね。で、イタリア人ですからエスプレッソに耐えられるような、味の特性をもった精選法をするので、ナチュラルなフレーバーみたいなものは出なくて、どちらかというと固い味なんですね。

迫川　そのナチュラル感なんですね。

久野　**昔のフワーっとしたブラジルが……**。

迫川　カップを近づけてきただけで広がる感じ。

久野　ね、ちがうでしょ。全体のたった2割入ってるだけですよ。じつは、きょうまで内緒にしておこうと思って（笑）。

井野　でもきょうもこうやって店で飲んで、「なんだろう」と思って。なんだこの美味しさはって言ってたんですよ。だから、コーヒー担当の今《こん》の株が上がってますよ。自分の腕が上がったと思って「わたし天才」っていつも言ってて（笑）。水洗だと固いんだ。

久野　固いっすね。フワーっとしたフレーバーは、やっぱりナチュラルしかもってないんですよ。水洗式はボワっとするんですね。うちはカンタガロとカルロシ・グロッシとモンテアレグレっていう3種類のブラジルを使っています。正直言ってカンタグロは非常に高いんで、よそにはちょっと使わないようにしてる。

迫川　ありがたいですね。他店がこれで２００円ってありえないですもんね。

久野　信じられないですよ。

井野　やっぱりお客様の反応がおもしろいですよ。常連さんは当たり前のように来ますけど、初回客もけっこう多いじゃないですか。やっぱりね、すごくバカにした感じで入ってくるんですよ、安い店だと思って。だけど、ちょっと口にしてから顔色が変わるんですよ。で、必ずこうして店を見回しますよね。

久野　「なんだよここ？」みたいな。

井野　そうそう。僕らも考えてみたら、期待しないで入って美味しいと周りを見回しますもんね、無意識に。この美味しさはなんだろうって探ろうとするよね。

久野　いまのこのレシピは、１００パーセントシングルエステートで……農園指定の豆を全部使わせてもらってます。焙煎度合はほとんど変えていませんので。焙煎度合とメッシュ（細かさ）ですね。それを変えちゃうとやっぱり味に影響があるので。

エイジングは僕の研究テーマ

井野　ドリップ式の全自動のマシンで使う豆は、ちょっと寝かせる（熟成させる）んですか？

久野　そうです、寝かせてエイジング（熟成、乾燥させる）しないと。それはあとになってわかったんですよ。それまでは**悩んで悩んでね**。だって、コーヒーは「生鮮食品」だっていう強い意識をもってましたんで。もちろんいまでもその気持ちは変わらないんですけど、その単品の味、もしくはブレンドにしたときの味を100パーセント表現するには、ある一定の時期のエイジングがあってはじめて甘みとかアロマが出るんです。季節によってもちがいますけどね。

井野　たしかにエイジングとかまで入ってくると、本当に、個人店ならではの調整ですよね。

久野　いまはサイクルが決まってますから、ローテーションで焙煎できますけど、「きょうのコーヒーちょっと軽いよな」とか、あるいは「味がちょっと飛び抜けてるな」とか、「突き抜けた味が出るな」ってときは、たぶん若いんですね。いまはそういうのはたぶんないと思います。昔、僕が焙煎して自分で配達してたときは、正直それを感じてたんですよ。「あ、これ、昨日やったやつだから、まだちょっと軽いな」とかね。そういうのはひしひし感じて。だから、いまのベルクさんのコーヒーでいうと表面から油がちょっと出てきてるぐらい、つまり1週間寝かせたぐらいで粉砕しようとかね。そういう1週間のローテーションをつくってますね。それは毎日デリバリーしていくなかでの僕の研究テーマですけどね。

井野　僕らは自分でやらないんでちょっとよくわからないんですけど、やっぱり手でドリップするときは新鮮な豆のほうがいいんですか。

久野　いやいっしょです。

井野　やっぱりある程度エイジングは同じなんですか。

久野　ただ、手でやると蒸らしとか調整ができるでしょ。そこで調整できますから。マシンは一気にサーとお湯が落ちてくるじゃないですか。

井野　たしかにね。蒸らしも調整してはいますけど、かなり荒っぽい調整です。

久野　そういうことです。だからあれで一時期悩みましたよね。メッシュが逆に粗いのかなとかね。

迫川　だって、あんまりいっぺんに注文しちゃうと、せっかくその**寝かせてる期間がずれちゃう**じゃないですか。だから前日の量を全部計算して、その日その日でなくなる量を頼もうと思っていたんだけど、それでもときどき3キロとか6キロとかずれちゃうんですよ。でもそういう意味では一応、毎日毎日必ず頼めるように計算しようと思ってますね。注文の仕方もすごく神経使ってますよ。そこでもし、いい加減なことしたら、せっかくしてくれたことが崩れちゃう。

焙煎をやりはじめると営業も変わる

久野　僕には安く仕入れてコストダウンしようっていう発想もないし、コーヒーに対する考えやヴィジョンは変わってないですよ。逆にレベルアップしてると思います。

井野　久野さんのコーヒーとの出会いは？

久野　おふくろが、僕が小学校5年のときに喫茶店を始めたんですよ。いまの蒲田の本社で。だから、僕は小さいころからインスタントを飲んだ記憶がないんですよ。さっき言った、ネルドリップで寸胴《ずんどう》にあまってるコーヒーが、いつでもあったから。

たとえば、中学生のころなんて、中間試験とか期末試験があるでしょう？　で、うちは店の2階が住まいでしたから、そういう時期になると、夜勉強をしているときに夜中でも下に降りて、電気つけて、手鍋で自分であっためて飲んでましたよ。そのころは粉末のミルクでしたけど、それを入れて眠気覚ましにね。そういう環境でしたね。

でも、本格的に焙煎をやろうと思ったのは、ヨーロッパのコーヒーミッション〔消費国におけるコーヒーの調査、勉強会〕ですよね。オーストリアのウィーンや、あの当時は西ドイツのハンブルグとか、イギリスを回ったりね。それがヨーロッパのコーヒーとの出会いですね。「なんでこんなに美味しいんだ」ってね。とくにドイツのコーヒーには驚きましたね。それで、ニューブレンド「1」が生まれたんです。ジャーマンコーヒーが忘れられなくてね。

迫川　あの甘いやつ？

久野　そう。それから帰ってきて、自分で焙煎をやりたいっていう気持ちになったんですね。その当時は、キャスターの付いた、たった2キロっていうおもちゃみたいな焙煎機なんですけど、そこから始まったんです。当時は50万円ぐらいでしたけど、それを買ってもらってね。コーヒー専門店の時代ですから、単品がよく売れた時代なんですよ。コロンビアとかブラジルとかグアテマラとか。だから単品だけを、まず自分で焼くようになりました。それでコーヒーの奥深さ、むずかしさ、楽しさ、そういうのを知りはじめましたね。それから、焙煎機が少しずつ大きくなってきて、いまに至ると。ずっと直火なんで。

井野　焙煎を自分でやりはじめることによって、急に世界が広がった？

久野　そうです。全然変わりましたね。たとえば変な話、**営業の方法論も変わるんです**。たとえば、ただの煎り豆の委託ってあるでしょう？　ただ仕入れて加工するだけの。そういうのは、ただ「美味しいですよ、美味しいですよ」っていう営業だから、やっぱり限界があるよね。だけど、実際に自分が豆を仕入れて、自分で焙煎をしてやると、今度はこだわりの部分がセールスになるんですね。それが焙煎を始めてから5年ぐらいにはそうなってました。店長に出会ったときは、焙煎機も8キロになってましたから。あのベルクブレンド、8キロの機械でやってたんですよ（笑）。

迫川　そんなことはわたしたちは知りもしないもんね（笑）。

久野　だから、10キロの注文のときは、2回やらないと10キロにならない。時間もかかるしね。だから、あの当時はファクトリーは夜9時ぐらいまでやってましたから、それから片づけして、そして焙煎してると、帰るのは2時3時になっちゃいますよね。

迫川　アイドル並みですね（笑）。

飲んで飲んで飲みまくって味を覚える

井野　ドイツで味を体験したのがひとつの原点みたいになって、それを自分で表現しようと思ったんですよね。それが、わりとすぐ、「できる」っていう感覚になったんですか。

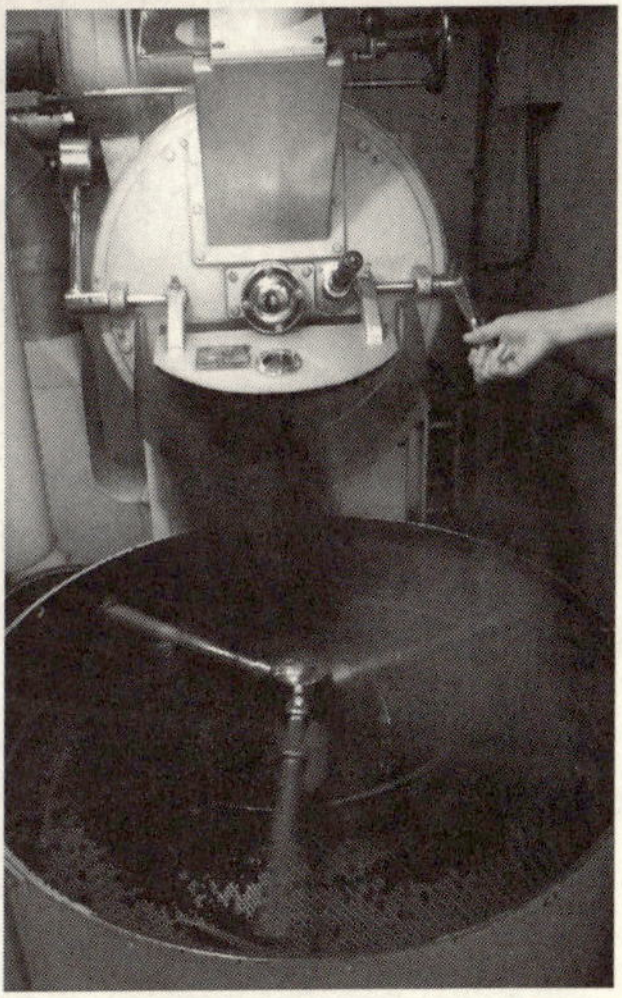

久野　いや、それは何年もかかってね。結局あいうフレーバー、アロマを出すにはどうしたらいいんだろうというところからですよ。で、残念ながら、僕には焙煎の師匠がいなかったんです。だから、1冊の本を買って、それを5回ぐらい読み直してから焙煎機を導入しました。で、その叩き込んだイメージ通りになるのか、という試験から始めた。たとえば、**何月何日で天気は何で、温度は何度で、**から記録を始めて、**その記録ノートが50冊たまりましたからね。**

井野　そのノートがもうないんですか。

迫川　うわあ、もったいない！　でもそれが全部頭の中にあるんですよね。

久野　そうそう。たとえば単品のコロンビアだったら、本当の直火でやったコロンビアのフレーバー、アロマの情報をため込むと。もちろんブラジルでもね。まあ、あの当時は、コロンビア、ブラジル、グアテマラ、モカ、キリマンジャロ、マンデリン、それぐらいですからね。そのあとにドミニカとかケニアとかが入ってきましたけど。当時は6種類ぐらいですかね。ブルマンを除いて。それらを常に単品だけで焼いて、単品だけのカップですよね。飲んで飲んで飲みまくって、それぞれの味の性格と特徴を把握すると。

迫川　1日どれぐらい飲むんですか。

久野　いやあ、どれぐらいって、結局それで**2週間ぐらい入院**しましたから。胃をやられて。メシが食えなくなるんですよ。腹は減るんだけど、おかずのにおいをかいだら戻しちゃうから。ブラックで1日60杯ぐらい飲むわけだから。

迫川・井野　おおー。

久野　それをやんないと始まらないからね。

井野　軽くふくんでペッじゃだめなんですか。

久野　それはだめ。レベルがちがうんですよね。生豆のテストとはちがうからね。煎った状態でのテストだから。どの焙煎度合いがいちばんいいのかを知るのが、僕たちがやってることなんです。最初は、煎り方をみんないっしょにしといて、それでフレーバーのテストをしてた。いまは、豆のクラスがもっと上になってますから、たとえばいい豆を仕入れてきたとしますね。すると、**「これはこうやって料理しよう」**って、すぐ思いつくんですよ。そうすると料理長みたいなもんで、「こういう料理にすれば素材の旨みがもっと出るよ」とか、そういうのを若い人に伝えていくのが、いまの僕の仕事なんですよ。でもそれは、目利きじゃないけど、個々の豆の味を経験をしていかないと、まだまだ子どもなんですよ。それをやるには、若い人は睡眠時間2時間3時間になってもやんなきゃだめなんですよ。体力ありますよね。

迫川　久野さん、体はってますもんね。

久野　おかげさまで。両親に感謝してますけど。とにかく、単品の味をしっかりと把握すると。それによって、たとえばリッチ感だとかの、次の段階にいけるわけです。ブラジルとコロンビアを半々にミックスしてドリップするとどういう味になるか、とかね。

迫川　個々がわかるから、ミックスしてもわかるわけですね。

久野　そうそう。だけど、それはその当時の素材での話だからね。いまはまた素材が変わってきてますから。時代の流れとともに。農産物ですから。それはそれぞれ合わせていかないと。

生産方法のかすかな光

久野　で、もっとすごいのは、たとえばコロンビアでもブラジルでも、いま世界の生産量第1位はブラジル、第2位はコロンビアですけど、コロンビアが1位になるような生産方法や品種改良が始まっているんです。当時のアラビカ種から、いまはティピカ種だとかブルボン種とかムンド・ノーボだとかカトゥーラとか色んな品種が出てきてますね。つまり、1本の樹木のなかに、いままでなら１００粒のコーヒーの実ができたと。それを、２００粒できるためにはどうしたらいいかと。そういう品種改良が、ここ20年ぐらいのあいだにかなりおこなわれてきてるわけだから。

迫川　それはコーヒーの味にとっては、よくないことなんですか？

久野　あんまりよくないですね。逆に、フェアトレードという認証団体がありますよね。生産者に対して不公平のないように賃金を与えて、っていうやつ。フェアトレードができたために、生産者もやる気を起こして、美味しいのをつくろうと。で、美味しいのをつくるには、土壌、あるいは肥料、あるいは農薬の加味とか、そういうものをどうしたらいいのかということでレベルアップしてきた。その流れで、毎年秋におこなわれる「カップ・オブ・エクセレンス」という世界大会みたいなものがあります。各生産者が、自信のある自分の豆を大会に出して、第一次審査を通ると次のステップにあがって、最終的にはＳＣＡＪというスペシャリティーコーヒー協会、アメリカのカップリングジャッジ、うちの高橋（史郎）が取りましたけどね。その審査員が24名集まって、味覚カップをして、基準が、アロマ、フレーバー、ボディ……コクですね、それからアシデティ……酸味ですね、ビター、この5段階のテストをして、80点以上クリアしたときに、カップ・オブ・エクセレンスという称号が与えられると。点数がいちばん高いコーヒーが、世界第1位と。そういう世界大会みたいなコーヒーのコンテストですよね。いまは、そういったものにまで発展してるんで、ある意味、世界のトップ・オブ・トップのコーヒーも、たまに出てくると。

迫川　かすかな光ではありますよね。全然悪い方向にだけ行ってるわけではないと。ほんの一部だけど。

味を決めるのは自分

久野　やっぱり生産者が高く売るためには、そういう努力をしなくちゃいけない。あるいは、愛情をもってコーヒーをつくんなくちゃいけないというね。ある意味、トップ・オブ・トップの一部分でも改良はしつつあるということですよね。だけど、基本的には世界規模で考えると、さっき言った、1本100粒だったコーヒーを、200粒つくるにはどうしたらいいんだろうという考え方になっちゃってるんだよね。

迫川　それがいま、主流みたいになっちゃってますよね。二極化というか、そっちが主流ですよね。トップ・オブ・トップのような考え方は本当にごく一部なわけですね。

久野　主流の豆は、もうほとんどのところがそうなってて。で、真ん中がいちばん中途半端です。やっぱり喫茶店でも、一杯1000円がそのトップ・オブ・トップですよね。で、トップの「中の下」が200円とかのクラスで、「真ん中」が400円ぐらいのコーヒーをやってるとこですよね。

　だから僕たちは、カップ・オブ・エクセレンスだろうとなんだろうと、味を決めるのはおれたちだという気持ちでいます。**おれたちがいつでもカッパー**（コーヒーのソムリエ）**なんだと**、常に責任をもってやってるんですよ。だから、たとえば商社から、「3位になった豆が入りましたけど、飲んでみますか？」とくるでしょ。そうすると、勉強したいからちょっとちょうだいと。で、サンプルロースターで飲んでみると、「え？　こんなのが美味しいの？」となるわけですよ。だから冠がついたからって、仕入れることはないです。まず、いままでやってきた自分たちの世界の味がありますから、まずは、そのなかにはまって、そのなかでどういう評価をするかということですから。だから「オーガニック？　へえ。オーガニックがどうしたの？」ってことです。問題は味でしょ？　ティアラも、基本的にはオーガニックな豆なんですけど、だからってうちはオーガニックはうたわない。「完熟で甘い」って理由で仕入れてる。

いまの飲食店に思うこと

迫川　久野さんは外食はします？　久野さんにとっていまの飲食店はどう見えてますか？

久野　いわゆる外食産業というところでは、ほとんど食べないですよ。やっぱりカロリーが高いしね。だってほとんど冷凍じゃないですか。それをいかに加工するかの世界だから。結局、手づくりの風味もなければ、なにもないわけで。やっぱり食っていうのは、人間が生活していくなかで、**いちばん支えになるもの**だと思ってるんですね。逆に、変な話ですけど、貴金属がなくても生きていけるけど、髪の毛がなくなっても生きていけるけど、食べるものがなければ人間って絶対に生きていけませんから、この食ってものに対してのどん欲さ、これは人間は絶対にすごいと思うんですよ。やっぱり安心な食がいいですよね。まず安心である、ということ。

きょうの日経新聞にも出てましたけど、餃子や牛肉の偽装の件で、食に対しての安心安全というのがなくなりましたよね。だから、一般的な消費者の視点から見れば、そこの改善が、いちばん期待されているところだとは思うんですよ。

あと、個性がなくなってますよね。ベルクさんが生き残ってるのはそこだと思うんですよね。やっぱり、パーソナリティというかオリジナリティがすごいじゃないですか。色んな工夫をしてるしね。それが個性。だから、産地証明書とか、生産者の顔が見える商品って、いま盛んにあるでしょう。生協でも通販でも顔写真入りでやってますけど、ベルクはあれの先駆けですよ。うちの農園指定も、当時は普通に仕入れて、農園名もあるんだぐらいでやってましたけど、いまとなっては、農園名入れるのは主流でしょう。だから、自然にやってたことが、いま、時代が追いついてきてる。それが、「生産者の顔が見える」じゃないけど、ベルクさんですタートを切ったのはたぶんベルクさんですよ。ほかにないですもん。ベルクさんは、要意識して、企業コンセプトはこうだと、要

は「顔の見える生産者がどうのこうの」「安心できる商品づくりがどうのこうの」みたいな、言葉レベルのことは全然考えてなかったと思うんですよ。職人さんにここまでつくってもらってるから手づくりだと。で、じゃあその職人さんというのを、ちょっと表現してみようと。それがいまとなったら、主流というかね。

ベルクさんは、トレーサビリティーを象徴してるわけじゃないですけど、本当の意味での安心、安全がありますよ。それを何十年も前から追求してますよね。

井野　人と人との付き合いだから、当たり前なんですけどね。もちろん表示は大事なんだけど、表示をこうしたから安心ということじゃなくてね。でも消費者は表示を手がかりにするしかないからしょうがないいんだけど。久野さんがそのままで美味しいコーヒーを届けてくださったから、それに対してうちらもちゃんと応えなきゃっていうか。それに値する店をつくろうというのが、本当に基本だったんで。最初はなんにも知らないで始めましたから。

下請けにならずに

久野　下請けは怖いんだ。そのために規模を広げたり、工場を拡張したりしても、結局工場は遊んじゃいますから。うちなんかそういう話はしょっちゅうありますもん。だからそういうのは絶対受けない。たとえば、受けるにしても、味はそこそこっていう世界になっちゃうのであれば、もう委託ですよ。共同購入がありますから。そういうふうにやっていかないと、自家焙煎は無理ですね。正直いって。

ベルクさんには粉にしてもっていってる

じゃないですか。あれ、豆でもってくとわかっちゃうんですよね。どういう豆を使ってるとかが。プロが見るとね。ただ、この豆はスペシャリティだとか、そういうのはわかんないですよ。ただ豆の形で、これはコロンビアだとか、これはブラジルとか、そういう大雑把なものはわかります。

おもしろいと思えるまでの努力

久野　僕なんかが、逆にベルクさんに、これからお願いというかね、そういうのは本当にただひとつですよね。やっぱり、コーヒーに限らずひとつずつの商品の素材、味を守っていってほしい。**守るっていうのが、いちばんむずかしいんですよ。**ややもするとこういう景気なんで、みなさん何に手を出すかというと、仕入れを落としていくと。たとえば業者さんに頭を下げて、こういう事情なんで、いままで100円で買ってたものを、あとなんとか1割ぐらい安くならないかなっていう交渉じゃなくて、あっちこっちにアプローチをかけて、いかに安いものを仕入れるかになっちゃう。味はもうしょうがない、いかにコストを下げていくかというところにどこも走りがちですよね。それは経営者として、たしかにわからないでもない。でも、僕が昔から言ってるのは、**景気が悪いときこそ、原価を上げなさいと。つまり、逆にいい豆を使いなさいと。**

迫川　チャンスなんですよね。

久野　そう。**差別化を本当に図れる時期なんで。**まあそれは、ベルクさんはかたくなに守ってきてるんで、余計なお世話かもわかんないですけど。

井野　うちらは、お客様に「どうだ！」って出す、あれがやりたくてやってるとこがありますから、その快感がなくなったらやってる意味がないんですよね。ちょっとでも後ろめたいことがあったら、やってる意味がない。自分たちが満足できる最高のものを出す、という。それに尽きます。

迫川　いま、この時代、色んな食材がどんどん値上げしていくじゃないですか。そのとき、いつも思うのが、**コストが上がった分はお客様を増やそうと思う**んです。商品を値上げをするんじゃなくて、たくさんのお客様に来ていただいて、たくさん出れば、大丈夫じゃないかと。そういう考えですよね。だから、よりアピールして、もっと美味しいものをどんどん出していくというふうにしていかないと。

久野　その発想は、たとえば**素人の人がこれから独立するときの発想**なんですよ（笑）。みんな、新規オープンする人は、いまの迫川さんのような思想は全員もってるんですよ。最初はね。１００人に１００人が言います。でも、自分がオープンして、やっていくなかでむずかしくなると見失っていくんだよなー。

迫川　ああ、それは大丈夫。まだ、20年経ってもわたしにとっては新鮮なテーマ（笑）。

久野　とにかく、これからもお互いまだまだね、コーヒーは到達点がないから、つまり、豆は毎年毎年変動していくし、新しい品種も入ってくるし、その都度、いいものは僕たちも仕入れて、いかにベルクブレンドに取り入れるか……。もちろん、この配合を守るのも大切なことなんですけど、レベルアップってことを考えていくとね。いまのままの状態は、もちろん僕は１００パーセントなんですよ。満足なんですよ。だけど、これから新しい品種が入ってきたりしたときに、混ぜてみたら「お、これはいいよ」ということだってあるかもしれないから。そういうものが完成したら提案したくなりますからね。

迫川　それは経験がないとわかんないことですよね。途中苦しいのは飛んじゃうんだよね。苦しい時期に逃げちゃったら、その先のおもしろいのがわからない。もったいないですよね。

久野　うちなんか、ベルクから絶対的に信用されてるっていうのがあるから、いまいちばん強いのは責任感だよ。当初は楽しみだったものが、いまは責任のほうが強い。たとえば、1日のコーヒーの消費量が下がっていったら、それはもう僕の責任っていうのはあるしね。やっぱりキープ、あるいは新規の人が来てくれて、あの人、もう2杯飲んでるよ、とか、そういう言葉がいちばんうれしいわけですよ。癒してくれるわけです、実際、僕らは現場にいませんから。1杯でも飲んでもらうことが僕たちの責任だから。だからいまは、楽しいんだけど、責任も大きいよ（笑）。

BERG
03-3226-1288
¥200

トッピング
半熟玉子￥50
トッピング
ソーセージ￥210
五穀米と十種野菜のカレーセット
大きめ野菜と五穀の食感。
特製スパイスはゴマがたっぷり！
コーヒー or 烏龍茶 付 ￥600（￥630）
単品カレー ￥480（￥504）
パンの追加一枚￥52~
ジャーマンブランチ
当店の人気商品をピックアップ。
職人尽くしの一皿です！
コーヒー 付 ￥580（￥609）
ビール セット ￥680（￥714）
ワイン セット ￥680（￥714）
HOTDOG
HOTSAND
ベルク ドッグ
はじける肉汁、素直なパン。
職人の一途な情熱伝わります！
￥290（￥304）
マイスターベーコンドッグ
プロもうならす！ジューシーで
凝縮された豚の醍醐味。
￥290（￥304）
チキンパストラミ
ラップサンド
ホワイトミートにゴマソース。
たっぷり野菜で理想的。
￥350（￥367）
キッパーヘリング
ラップサンド
スモークにしんに野菜のピクルス。
新発見のおいしさです。
￥350（￥367）
ブルーチーズもございます
チリチーズもございます
クワトロチーズドッグ
4種のチーズにガーリック
白ワインがまろやかに上品。
￥380（￥399）
ホットチリドッグ
トマトとビーフがこっくりうまい。
心もしびれる辛さです。
￥380（￥399）
マイスターハムサンド
ふわふわミルクパンに東金屋特製
ショルダーベーコンとボンレスハム！
￥480（￥504）
マイスターハム＆ケーゼサンド
グラハムパンにクリームチーズと
東金屋特製ハム！なぜこんなに旨い？
￥480（￥504）
りんごドレッシング
11:00~
ベジタブルドッグ
シャッキリレタスと完熟トマト。
爽やかにボリュームUP!
￥320（￥336）
焼きソーセージドッグ
パンに浸み込むジュースが魅力！
スパイス効いて大人の味！
￥360（￥378）
キッパー卵サンド
黒パンとスモークにしん、卵の絶妙な相性。
おつまみにもなるサンド。
￥400（￥420）
天然酵母トースト
優しい職人の手から生まれました。
香り食感が特徴。
￥150（￥157）
（小数点以下切り捨てております。）
ごまハムサンド ￥320（￥336）もございます。

数に限りがございます。
名物!! ボリューム満点!!
フライッシュ・ブルスト
ドーンと110g.Bigでおいしい満足感。
そのままガブリとどうぞ！ ￥390(¥409)
BERG
ソーセージ&クラウト
茹で方だって職人流。歯応えと味純粋に楽しみたいなら！
￥390(¥409)
11:00~
焼きソーセージ&クラウト
豚モモ100%、香辛料ふんだんの生ソーセージを焼きました。
￥420(¥442)
ポークアスピック
クリーミーな豚のゼリー!? ホントは内緒にしたい限定品。
￥470(¥493)
レバーハーブパテ
新鮮だからクセがない。苦手な人も目からウロコの味！
￥360(¥378)
マイスターミックス
厳選3種のハム盛り合わせ。ソーセージハム&最新オリジナルハム！
￥480(¥504)
17:00~
ソーセージ&ポテト
茹でたて揚げたて！ジャーマン気分でお腹もいっぱい！
￥390(¥409)
17:00~
焼きソーセージ&ポテト
ワイルドに！ジューシー&スパイシー！大満足のボリュームです。
￥420(¥442)
生ハム
旨みと塩味の絶妙なバランス！お口の中でとろけます。
￥360(¥378)
スモークタン
スタッフ人気NO1! サッパリしたい時、オススメです！
￥400(¥420)
17:00~
カントリーブルスト
一口かじればドイツ家庭の味がジュワーっと広がります。
￥500(¥525)
17:00~
フライドポテト
いつも揚げたて！次々手が出る人気者です。
￥280(¥294)
17:00~
鶏のナンコツ揚げ
一口食べれば気分はタイ！独特の歯応えをお楽しみください。
￥320(¥336)
りんごドレッシング
十種野菜のシーザーサラダ
豆とチーズがアクセント。
￥380(¥399)
にんにくソース
ラタトウイユ
南仏の家庭料理。香り高い野菜をたっぷり蒸し煮しました。
￥380(¥399)
17:00~
ジャーマンポテトサラダ
ホクホクポテトに新鮮レタス。職人ベーコンが三位一体！
￥380(¥399)
チーズ&クラッカー
厳選された三種のチーズ。軽くつまんで贅沢気分！
￥400(¥420)
キッパーヘリング
ドイツ産のにしんの燻製。知って得するオイシサです！
￥470(¥493)
完全手作り完全無添加
にんにく入り！
MIX豆ピクルス
¥315
大麦と牛肉の野菜スープ
野菜に大麦具沢山。国産牛肉、温泉水が体に染み込みます。
￥250(¥262)
11:00~
五穀米と十種野菜のカレー
大きめ野菜と五穀の食感。特製スパイスはゴマがたっぷり！
￥480(¥504)
(小数点以下切り捨てております。)

Karlovačko
Karlovačko
Celtika
クロアチアビール
生酒
ミルクパン
¥126
BERG
グラハムパン
¥126
チーズ
クロワッサン
¥210
BERG
ロールケーキ
「抹茶」
¥367

Sunkist
灘の生一本
大関
升亀本店

沖縄そば
もつやき
ちゃんぷる亭

辰乃家
佃煮専門の店
山形名産
いなご
山形名産
わかさぎ
生
貯蔵酒

第3章

お店は表現だ！

味には「形」がある

味の記憶について

「わたしは過去のことにしか興味がない」

フィンランドの映画監督、アキ・カウリスマキの言葉です。

名監督がこんな後ろ向きな発言を堂々とすることに、わたしは虚をつかれた思いがしました。過去をふりかえって、ノスタルジックな気分に浸ることはわたしにもあります。でもはっと目が覚めたようにいまの自分に戻ります。過去にとらわれていては、前に進めない。でも、カウリスマキの映画は、見るとノスタルジーではないんですね。むしろ**「忘れてはならないことがある」**という積極的なメッセージすら感じます。

そして、過去は記憶（や記録）の中にしかない。

画家のピカソは、「表現とは、記憶のことだ」と言っています。

無数の忘れられない色や形がピカソの頭の中にはあったのでしょうか。

うちの店長は、一度見た人の顔は二度と忘れないと自慢します。それがまさに接客に生かされています。逆に、店長に驚かれるのは、わたしの味の記憶力です。

たとえば、偶然、数年前に入ったことのある飲食店の前を通りかかり、それまでそのお店のことなどすっかり忘れていたのに、そのときなにを食べたか、そしてそれが美味しかったか不味かったかだけでなく、**味そのもの**がはっきり思い出せるのです。

「味」の表現

食において、わたしの興味の中心は「味」にあります。それは味わったときの情景とともに思い出されるのですが、わたしの場合、味を色や形で（つまり視覚で）覚えているのです。

その味を味わっているときに、色や形に置き換えるわけではありません。色や形として味わっているのです。おそらく、舌の細胞レベルで起きていることが味覚化されるだけでなく視覚化もされるのかも？

五感って、目は視覚、耳は聴覚、鼻は嗅覚、舌は味覚、皮膚は触覚と役割分担が決まっているようですが、それはこの人間社会で生きていくのにそう決めたほうが都合いいからであって、本来、必ずしも厳格に決まっていないのでは。赤ちゃんなんて、もっとあいまいじゃないかな。

このことは、けっして神秘でもなんでもない。誰でも多かれ少なかれ思いあたるふしはあると思います。たとえば、音楽を聴きながらある情景が見えるとか。わたしもいいお酒を飲むと、いい情景が目に浮かびます。あれって連想するというより、本当に見えませんか？　神亀酒造さんの「真穂人」をいただくたびに、スーッと立ち昇るような稲穂が見えます。お燗すると、その先の頭をたれた、たわわに実った稲の穂先まで見えます。

店長は、ビートルズを聴きながらリンゴやタバコの匂いがするそうです。

こういうことは専門書などを探せば、詳しく書かれている本もあります。十分に解明されているわけではありませんが、色々な事例もあるようです。

舌で色や形が見えることは、わたしの「味の記憶」をたしかなものにしました。それが仕事にも役立っています。

唎酒師《ききざけし》

わたしは「唎酒師」の資格もとりました。

唎酒師は、日本酒のソムリエ。豊富な知識と的確な分析力を必要とします。

しかし、その知識や分析力をひけらかすのが、ソムリエや唎酒師の仕事ではないのです。いくら知識があってもきざっぽかったりいやみっぽかったりしたら、その時点でワインの味を邪魔します。つまりソムリエとして失格です。日本中の純米酒を日替わりでお出ししています。ベルクはカフェなのに、一升瓶がゴロゴロ空きます。わたしが気になるお酒を買ってきて、お客様にふるまう感覚で始めました。まずわたしが心がけているのは、蔵の味をそのままお客様にお届けすることです。品質管理ですね。

お酒はつくるのも大変ですが、売るのも大変です。なにか賞をとればハクがつきます。でも口にしたとたん香りが来るとか味が広がるとか、賞をとりやすいお酒の特徴がありまして、それを狙ったようなお酒もあるんです。不自然に香りがついていたり。そういうお酒はツカミはいいけど、なにか物足りない。日本酒は本来、お米と水だけでつくられるお酒です。それがまずしっかり伝わってくるお酒がわたしは好きです。

ちがうことの喜び

ソムリエですら味を伝えるのはむずかしい。やっぱり言葉より絵のほうが伝わりやすいのかな。うちのワインリストの解説も、絵にしてみようかな。

世の中にはわたしのように口や鼻で情景が見える人がいます。おぼろげであれば、みんな見えているかも知れません（**とくに、赤ちゃんは！**）。

でもそうだとしても、同じものを同じように見ているとは限りません。でも考えてみれば、目で見る場合もそうですね。

むしろこう言えないでしょうか。わたしたちはひとりひとり世界がちがって見える。それは不思議なことだ。にもかかわらず、わたしたちはおたがいに話をし、理解し合う。それはもっと不思議なことだ、と。

食と健康

やっぱり体が大切です

飲食業はハードな仕事です。「体」について考えることは仕事の一部。

本書の冒頭で、「自分でなんとかする（DIY）」ということを書いてきました。それは、どちらかというと東洋医学的な考え方だと思います。西洋医学より東洋医学の方が、病気を自分で治す、と言うか、病気と付き合うという発想が強いんです。それに比べると、西洋医学はお医者（プロ）まかせなところが強い。そのぶん、お金もかかる。どちらが正しいか間違いかという議論はこの場合不毛でしょう。むしろ、両者の考え方のちがいをしっかり知っておきたい。

指が痛かったら、その指の痛みをとる、というのが西洋医学的な対処法です。応急処置としての専門技術はホント助かります。しかし、指が痛いというのは身体のシグナルです。バランスが崩れると身体はさまざまな症状でシグナルを発します。痛みをとるのは、そのシグナルが見えなくなるということ。やばいんです。でも痛み自体、生活の支障になるし、ストレスになるし、困りもの。そのやばさを承知のうえなら、痛みをとるのはアリですよね。だって、やむをえない場合もありますもん。考え方さえ踏まえれば、あとは使いようです。

たとえば、熱が出るのは、免疫が働いている証拠です。解熱剤でおさえこむのは（お医者さんはすぐ使いたがりますが）、とても危険なこと。でも熱は熱で、高熱で長期にわたると身体に深刻なダメージもあたえちゃいます。下げた方がいい場合もある。その見きわめはむずかしいけど……やっぱり本人（判断能力さえあれば）が決めるのが本来的なあり方だとわたしは思います。

わたしの連れ合い（店長）は、喘息という持病との長い付き合いで、発作が胃腸を休めろという信号であると勝手に解釈し、ちょっとでも肺に圧迫感があると、食欲があってもなにも食べないようにしています。それで実際、何年も発作が起きていない。

健康はバランスのとれた美味しさから

健康食品って、どこかピンとこないのは、「健康」ってバランスの問題じゃないですか。東洋医学的に考えないといけない。と言うか、「健康」って東洋的な考えから来るものです。お酢が身体にいいというのも、本当は、お酢を飲むと身体が酸化したもの＝毒とカンチガイして、排毒作用を促すからです。バランスとはそういうこと。毒＝悪では必ずしもなくて、毒をもって毒を制することもあるんです。大事なのは、そういうメカニズムだったり、全体的なバランスだったり。それはあまりにも複雑に色々絡み合ってて、あまりにも不確定要素が多いから、なかなかすべてが見通せるものじゃありません。

この食品を食べれば身体にいい、というのが健康食品の謳い文句ですが、いいかどうかはそのときのその人の体調や体質、その食品との相性、取り合わせにもよるので、一概には言えないんですね。身体にいいと言っても、せいぜい栄養学的に活力がつくとか、そういうことでしょう。栄養学は西洋のもので局所的です。それをいきなり健康という全体的なバランス（東洋的な考え）に結びつけるのはおかしい気がします。

逆に言うと、わたしはいわゆる自然食にひかれますが、それは自然食信仰というのとはちがいます。むしろ興味かなぁ。世の中に出回っている食品の大半が製品としてどんどん画一化され、味も均一に貧しくなるなかで、なおさら、**味の選択の幅を広げたい**という要求が高まっているのでしょう。形がふぞろいでも、有機野菜の濃い味とか食物本来の甘みに気持ちが向くのです。

ふんばれる力

ある東洋医学の権威の先生が、「健康とはなにか」という質問に、「ここぞという時にふんばれること」と答えていてなるほどと納得したことがあります。ここぞというときでなければ、多少ぐたぐたでもいいのかあ、と妙にホッとしたりして。それも身体というか、人生のバランスですね。人生のどこを「ここぞ」と思うかは人それぞれ。食も人生そのものですね。身体に気づかって献立を考えたり、断食したり、かと思えばグルメに走ったり、やけ食いしたり。どれもわたしには否定できない。自分の人生ですもん。自分でなんとかしたい。

もちろん、人とともにある人生です。喜びも苦しみも誰かとわかち合いたい。ただ、人とのかかわり合い、自分とのかかわり合い、食とのかかわり合い、どれも複雑すぎて不確定要素が多く、ある程度経験とカンに頼らなければわからないものですが、あくまでもそれは「ある程度」であって、いくら経験を積んでもカンを働かせてもわからないことはあります。

わからないからこそ、みんな自分の人生を生きてみるわけですね。自分でなんとかするというのは、自分だけでなんでもするという意味でも（そんなの不可能だし、誰かに助けてもらえるなら遠慮なく助けてもらえばいい）、自分の人生をコントロールするという意味でもなくて（コントロールできるというのが大マチガイ）、なにが起きても自分の人生と、最後は自分で引き受けることです。

それには、人や物とのさまざまなかかわりのなかで、自分が決め、自分が試し、自分が痛い目にあって、**自分が発見する**ということが少しでもないとダメだと思うんです。

自分以外の何者か、本でもテレビでも医者でもタレントでも教祖様でも、に身を預けすぎたり、その裏返しで拒絶しすぎたり（絶望）しても、ふりまわされているだけのように思えます。

自然と人工

「水俣病」という有名な公害病があります。当初は謎の病気とされました。工場から海に垂れ流された水銀が原因で、「公害」という言葉にごまかされてしまいますけれど、りっぱな「企業犯罪」ですよね。

水俣病に関するドキュメント映画を何本か見ました。その中で驚くべき映像がありました。妊婦の映像です。レントゲン映像でしたが、妊婦の体内に取り込まれた水銀が胎児にどう影響するか、それが自然界の水銀と人工水銀とではどうちがうか、説明していました。ハッキリとちがうのです。自然界の水銀は子宮の中に浸透しませんでした。胎児は子宮にガードされたのです。ところが人工水銀は浸透していく。子宮はまったく無防備でした。その映像が忘れられません。……お腹の中の赤ちゃんは水銀入りの羊水の中に漂っている……。

生き物は長い長い歴史のなかで、異物や毒を識別できるようになったそうです。それが長い間つちかってきた生命の知恵だそうです。しかし、その毒も人工のものだと、毒と識別できません。何世代、何十世代後はわかりませんが、細胞がまだ追いつかないのです。

子宮は身体のなかでももっともチェックが厳しいはずです。その子宮の細胞でさえ認識できないとしたら、その他の部分はどうなんだろう？　脳は？　内臓は？　各組織は？

食べるということ

植物は自分自身で自分の身体をつくることができるそうです。でも動物は自分で自分の身体がつくれません（それはそれで不思議ですね）。食べ物から必要な成分を身体に取り込んで、自分自身の身体をつくります。貯めておけないのでそのつど摂らなければなりません。それが食事です。

こうも言えます。動物は食べて、排出します。不要なものを排出するわけです。

消化の段階で不要かどうかチェックするのも、わたしは免疫の一種だと思います。免疫というのはたえず体内にあるものを「自分（の一部）」かどうか判断する機能です。不要でなければとりあえず必要なもの、つまり「自分（の一部）」ということになります。言わば血となり肉となるわけです。

自然界のものならそうなるでしょう。人工のものでもよほど大きいとか硬いとか明らかに異質なものであれば吐き出そうとするでしょうが、化学物質のように物理的にほとんど抵抗感のないものは（ましてや味があれば）異物でもスルーしちゃうんですね。それがたまっていけば、身体に負担になり、色々悪さをします。どんな悪さかは予想がつきません。そこがまたやっかいなところです。

放射能と化学物質

昔、原子力発電の議論が盛り上がったとき、放射能の恐さってなんだろうと考えました。恐いといえば、地震も恐い。火事も恐い。でも放射能の恐さは特別。原発から漏れる放射能って、見えないし聞こえないし匂わないし味もないし感じることもできません。探知機で針がふれることはありますが、この身にはわからない。それが一段と不気味。

でも自然界にある放射能なら、まだ身体がなんとか対処しようとするそうです。人工的に生み出された放射能を身体は異物と判断できないまま狂わされていく。その話を聞いてから、わたしの中に「自然と人工」という言葉が深くきざまれました。食にも通じることだからです。

では、化学物質はどうでしょう。それを口にしたら？　判断を誤るでしょうね。どう誤るか。夏の暑い日、運動や労働のあと、体は塩分を欲します。だから塩は美味しい。でもいらなくなったら、しょっぱくて舐められなくなります。

人工塩のポテトチップスは、自然塩のポテチよりしょっぱくない。グルタミン酸ナトリウムを混ぜることで、塩味が緩和されるからだそうです。同じ塩の量を使ってもしょっぱくならない。だからコンビニのポテチは一袋でも簡単に食べられちゃうんですね。そうとうの塩量なのに**舌が判断できない**。

しかもこうした人工物は非常に消化しにくいのです。たとえば白砂糖を消化するにはカルシウムが必要です。いわば、自分の骨をけずって消化するのです。そのくらい負担がかかります。

また化学（人工）物質は味覚を麻痺させると言われます。味覚が麻痺すれば、自然物を口にしてもまともに味わえなくなる＝チェックできなくなる可能性があります。そう考えると、ちょっと恐いですね。

ケーキ！　ケーキ！　ケーキ！

ただ、あまりビクビクしててもしょうがない。ストレスは免疫の最大の敵です。人生、ハメをはずしたくなるときもありますよね。白砂糖が身体に悪い（負担になる）とわかっていても、生クリームをふんだんに使ったケーキがどっさりほしくなる！

ベルクにも手づくりの生ケーキがショーケースに並んでいます。

うちのお客様で、偶然にも同じ小林養鶏さんの自然卵を使うケーキ職人がいて、ある日試作品をもってきてくれました。一発で決めました。一言で言うと、わたしのケーキ心を満たしてくれたのです。見た目といい味といい……。

ケーキをわき目もふらず食べた後、「やっちゃった」と思いますが、後悔はしません。理屈では食べることは生きるための手段ですが、それだけでは味気ないですよね。

わたしはジャンクフードも大好きなんです。駄菓子屋文化で育ちましたから。いまでも新作チェックと称して、月に何度か、食べまくる日があります。当然胃腸がやられます。２週間は休憩します。

ジャンクな味って、白砂糖も化学調味料もそうですが、硬いですよね。**標本にされた蝶**みたい。いちばんきれいなところをぴたっと止められてる感じ。それはそれで魅惑的ではあるのです。でも生きた蝶のように翅を閉じたり羽ばたいたりはしません。

味にゆらぎがない。

ジャンクという娯楽も

ジャンクフードも、煙草やお酒と同じく嗜好品です。

わたしがちょっと許せないのは、ジャンクのくせにジャンクでないふりをする商品があることです。要するに、極端にいえば化学調味料の入っているものはみんなジャンクと思っています。そうすると、外食はほぼ全部ジャンクということになります。デパ地下などで売っているお惣菜もそうですね。いいじゃないですか、ジャンクで。添加物ビシバシのスナック菓子に比べれば、それらはまだ食事になりうるでしょう。ただ、やはりちょっと覚悟がいります。外食って、消費者にとってはけっこう身体をはった娯楽なんですね。

ベルクだって、味の「大衆娯楽接客業」（詳しくは『新宿駅最後の小さなお店ベルク』をお読みください）をめざす以上、全食材を「無添加」にするのはむずかしい。「毎日食べても飽きない味」をモットーにしているから、結果的にコストがかかっても「無添加」あるいはそれに近い食材を大幅に扱うようになっただけなのです。

食品添加物と食品表示の不思議

ところがわざわざ「無添加」と謳っていて、「食品表示」の原材料名のところにアミノ酸とか書かれてあると、ちょっと待ってと言いたくなります。「無添加」はかなりインパクトのあるキャッチフレーズです。それは同じ食にかかわる商売をしていてよくわかります。ただ、だましが入るのはやはりよくない。アミノ酸とはほとんどの場合、化学調味料のことですね。

こういう添加物の名称って、どんどん変わったり統一されなかったりして、さっぱり意味がわかりません。基本的には化学物質名で表示することになっていますが、読みにくい物質名は省略したり、読みやすければ別の名前にしてもいいことになっているからです。使用目的によって、物質自体の**名前が変更されること**もあります。栄養強化が目的であれば、化学物質でも表示しなくていいとか。

あとたとえば、材料の中になにか加工品が含まれていると、その加工品の名前を表示する義務はありますが、その加工品の材料まで表示する義務はありません。実際、表示されていることはまずありません。

なんのための食品表示？　と思います。

料理と表現

自分でなんとかする

自分でなんとかする。高らかにそう宣言しないと、わたし自身、世間の目が気になって、大胆（かつ繊細）な行動をひかえてしまう恐れがあるんです。いわゆる自主規制ってやつ。それだけは避けたい。ひとつだけ、わたしがこの本を書くうえで心がけたのは、きれいにまとめるのはやめようということでした。

食に関しては、わたし、一つ一つ、真剣勝負のつもりでのぞんでいます。相手が駄菓子だろうがシェフのメインディッシュだろうが、真剣という点では変わりません。でも、わかりやすくいうなら、ワインは味や香り、ビールはのど越し、スウィーツは可愛らしさというように、相手によって戦い方（味わい方）のポイントは微妙にズレます。もっと言うと、相手によって自分が変わるところがあります。

とにかく、これだけ相手の幅が広いと、わたしの言うことも一貫性がなくなるかもしれません。また、それが、ほかの本ではなかなかふれられていないことばかりと思いますが……。

人生を変える料理もある

料理も、表現のひとつとわたしは思います。

わたしは写真家でもあるので、「表現」にこだわるのかもしれません。ただ、「表現」って、なにかエラそうなニュアンスがありますね。わたしたちは単に料理し、単に食べ、単にものを書き、単に歌い、単に絵を描き、単に写真を撮るだけなのに、絵や写真や歌や文章はことさら「表現」とか「アート」としてもち上げられ、料理はなぜそうならないのだろうと思うのです。

どれも人間の行為であり、その結果であるという点では同じ。たしかに、目から鱗が落ちるような絵、一生忘れられない言葉、人生を変える歌にわたしたちはめぐり会うことがあります。そんなとき、これこそが表現だ、芸術だと讃えます。

「表現」というのは、じつははじめからエラそうにあるものではなくて、むしろ「おおっ！」とか「ぐわっ！」という感嘆詞に近いんだと思う。

すばらしい料理に出会えれば、やはり「表現」のように感じるでしょうね。だから、より正確に言えば、料理も「表現」のひとつである（断定）のではなく、なりうる

（可能性）のです。

レシピはフリーでオープン

なぜそんなことを書きはじめたかと言うと、わたしは料理のレシピというものの存在に、複雑な思いがあるのです。

レシピは音楽における楽譜のようなものですが、基本的にフリー（無料）でオープンなものです。そりゃ書店にはレシピ本が売られているし、企業秘密のレシピもあって、すべてが無料でオープンというわけにはいかないでしょうが、わたしが言いたいのはそういうことではありません。

まず、料理はあらゆる「表現」のなかでいちばん複製がむずかしく、しかもあとに残らない、その場限りのものであるということ。

プロの作曲家がつくった楽譜を、営利目的で無断使用したら罰せられますが、プロの料理人がつくったレシピ（「特許」をとっていれば別ですが……）を使用してメニューで出しても罰せられませんね。ここで言う楽譜やレシピは、必ずしも明記されたものとは限りません。プロの料理（商品）を同業者が食べて、味を盗むこともあるからです。でも、プロの音楽（商品）を同業者が聞いてメロディーを盗んだら、著作権にふれるでしょうね。

これはある程度理にかなっています。音楽業の場合、よほどのマルチプレイヤーでない限り、基本的に分業で委託制ですから、作詞家にしろ作曲家にしろ、著作権に守られないと（実際、どこまで守られているかはさておき）生計が立てられないのです。でも飲食業は本来、店主が**その場でつくって（商品にして）その場で売ってその場で消費されるもの**です。それだけで生計が立てられないこともないので著作権による保護は認められません。それに味の完全コピーが不可能というのも、著作権が認められない大きな理由でしょうね。

要するに、料理人のレシピはプロのものでさえ無断使用しても法にはふれない。オープンでフリーなものだということです。

料理の文化度

食もいまやりっぱな複製産業です。

保存剤や冷凍技術の進化により、時と場所を選ばなくなりました。加工食品は街に無数に出回っています。味もほぼ均一。

ただ、飲食業の場合、やはり素材や鮮度が問われる以上、量産には限度があるんです。その点、音楽業は、そりゃ臨場感という点では生演奏に勝るものはありませんが、レコードでも十分納得いく商品になりうるし、レコードはいくらでも複製可能ですから、一発当たればどかんとお金になります。当たらなければ、最悪、一銭にもならない。

飲食業はいわゆる日銭が稼げるし、堅実ですが、地道にいくしかない。基本的に日常の仕事です。ということは、さて、音楽と料理、どちらがお得でしょう？　それは、まあ一概に言えないですよね。

では、商売という観点を抜きに、音楽と料理、どちらの文化度が高いのでしょうか？

わたしは、料理だと思う。文化度という言い方は曖昧ですので、どちらがより生活に根ざしているかでもいいでしょう。そりゃ、音楽は聞かなくても生きていける。食べ物は食べないと死んでしまう。料理の方が生活に根ざしているに決まっているじゃん、と言われるでしょう。そうかもしれません。料理屋を開けば、よほどひどいことをしない限りなんとかなる（可能性が高い）のも、確実に需要があるからなんです。それに比べると、音楽業は才能がまずなにより問われちゃう。ただ、わたしが言いたいのはそういうことよりも、なんと言うか、音楽だって本来、もっと**生活に根ざしたもの**ではなかったか、ということなんです。

もちろん、わたしたちの生活には音楽があふれていますが、そのほとんどが「商品」です（「商品」そのものを否定するつもりは毛頭ないですよ。買ってよかったと思う商品もあれば、失敗したと思う商品もある、それだけのこと。わたし自身、商品を売って生計を立てていますし）。その点、料理は当然のことながらプロの料理ばかりではありません。家庭料理（おふくろの味）を特権化するつもりもないんですが。いまは、主婦ですら料理する機会が減ってはいますしね。

ただ、音楽に比べれば、料理はまだ誰でもやるものという感じがありませんか。その証拠に、料理にはオリジナルという概念がわりと希薄です。わたしたちは、誰の料理と意識して料理することはあまりないでしょう。誰かが考案した料理かもしれませんが、それを誰かがアレンジし、それをさらに自分でもアレンジするのです。

音楽や文学も、本来そういうものではなかったかと思うのです。

というか、実際にはプロの音楽家も、過去に誰かのつくった無数の音楽を無意識にアレンジして作曲しています。建て前上「自己表現（オリジナル）」としておかないと、著作権が成立しない。その「自己表現（オリジナル）」という概念が、料理以外の表現の分野ではプロ・アマ問わずひとり歩きしているような気がします。

音楽が「やるもの」から「聴くもの（一方的なもの）」になってしまったのも、全面的に商品（オリジナル）化しているからです。音楽はお金で買う（聞く）ものというのが、ライフスタイルとしてすっかり定着してしまったんですね。

逆に言えば、表現の世界もあらゆるものが「商品（オリジナル）」化するなかで、料理だけが辛《かろ》うじてまだ誰のものでもなく、誰のものでもあるという文化本来の姿をとどめているのではないでしょうか。

レシピ本はたくさんあるけど

そこで気になることがあります。それは、いま、「辛うじて」といったように、料理も音楽と同じ道をたどっているのではないか、ということです。

それはレシピの使われ方にも表われています。いま、レシピ本がとても売れていますね。でも、料理とは本来、師匠なり身近な人なりの料理を目で盗む、舌で盗む、五感で盗むものだったと思います。レシピとは本来、その合間のメモ書きにすぎなかった。メモ書きを見て、自分が習った料理を思い出したり、自分が料理するときのヒントにしたりするのです。ひとつの手がかりみたいなものですね。

たしかに、いまは身近に教えてくれる人が少なくなりました。本や雑誌やインターネットが師匠の代わりになるのでしょう。が、本や雑誌では、さすがに五感で習うことはできません。簡単な図解や言葉で伝えてもらうしかない。それがレシピという形をとるのですが、自分が書かずに人から与えられたレシピというのは、へたすると教則化する恐れがあります。

楽譜も、本来、演奏者のメモ書き程度であったのに、クラシックの楽譜がそうであるように、忠実に従うべきものになってしまった。たとえ同じ曲でも、演奏者や楽器によって音楽は変わります。音楽も、その場限りのものだったはず。だとすれば、本当はその場（演奏者や楽器）に合わせて楽譜も自由にアレンジすべきですね。べき、というか、その方が楽しいし、音楽も生きると思う。

でも、ジャズのアドリブ奏者などはともかく、素人で人が集まれば、誰ともなく楽器が鳴り、誰ともなく歌が始まるという（はじめに楽譜ありきじゃない）セッション的光景は、日本では沖縄くらいではないでしょうか？　それだけ、音楽の文化度が低くなっているのかなぁと思います。

でも、料理もいまや例外ではないんです。全面的に「商品」化しつつありますよ。コンビニやスーパーでは、パックされたものがお手軽に買えますしね。

説明しやすい料理、説明しやすいお店

さらに気になるのは、料理のジャンル分けにずいぶんわたしたちはとらわれていないか？　ということです。音楽にも、大きく分ければロックとかジャズ、クラシックといったジャンルがあります。ジャンルって、一体なに？

ロックにはロックの歴史があるし、またロックは音楽史における一大事件でもありました。が、ある時期からロックというスタイルが確立され、音楽産業の主流のひと

つになった。でも結局、ジャンルってなにかというと、人に説明するための目安のこと。「彼のやる音楽ってどんな音楽?」「あえていえば、ロックっぽいかな」と言うようにね。

音楽はもちろん説明するものでなく、聞くもの、やるものです。そのときに、それがロックかどうかというのは本当はどうでもいいこと。とくにやる方は、どんなジャンルかということよりも、誰とやるかとか、どんな楽器を使うかということの方がはるかに重要なんじゃないかな。

料理で楽器や人にあたるのは食材です。真の料理人が考えるのは、さあおれはイタ飯をきわめるぞではなく、この食材をどう生かすかです。しかし、わたし自身、飲食業に携わりながら身にしみてわかるのは、いざ料理を商品化する(お店のメニューに出す)となると、説明のしやすさがダントツ重要事項になるということです。はっきり言って、説明しづらいものは売れない。流通しにくい。これなに? よくわからないけど、食べてみてよ、では、よほど料理人自身の名が売れていて、おまかせ創作料理でもない限りむずかしい。「カレーです」とか、漠然とでも「エスニック料理です」とか、とにかくジャンル分けが必要なのです。それは買う立場になればよくわかりますね。なんだか説明しにくいものに、わたしたちのお財布のひもはゆるみません。ロック調でいくか、バラード調でいくかは、営業戦略上押さえておくべきポイントです。お店にしてもそう。まず何屋か、でしょう。イタ飯屋かフランス料理屋かわかるだけでも、かなり目安になりますよね。

ベルクも、よく何屋かと聞かれます。ホントは一言では答えにくい。ベルクはベルクとしか言いようがないのですが、それがいまいち、ベルクが有名になりにくい（でも、はまる人ははまる）理由だったと思うのです。ものを売るのに、このイメージのしやすさ、その手助けとなるジャンル分けは絶対必要なんですね。

とくに食においては、生き物である以上、食べないわけにいかない、でもなるべくなら**余計なことは考えずに食べたい**という人は案外多いものです。そのときに、既成のイメージは大いに役立ちます。異国情緒たっぷりな雰囲気のなかでざるそばを出されたら、なんとなくチグハグ（ミスマッチ）で困ってしまうでしょう。逆にイメージにちゃんとおさまっていれば、それでオーケーというところがあるのです。イメージも味のうち（いずれ、脳研究家が、それを科学的に証明するかもしれません）。

＊

では、自分で料理をする場合はどうでしょう。ジャンル分け（既成のイメージ）は必要でしょうか。ジャンル分けに縛られて、かえって料理が不自由にならないでしょうか。

いいえ、普段料理している方であれば、ジャンル分けはしたくてもできないところがあります。和風とか洋風とか言ってられない。冷蔵庫の中のあり合わせのものを使って、どう料理するか。

ジャンル分けにとらわれるのは、むしろこれから料理を始める、まだ料理に慣れていない方ですね。また、そういう方の数がいま、圧倒的に増えています。それで、こうしたレシピ本の需要も高まっているのだと思います。

料理が苦手なら鍋から始めてみては

「ほっとく鍋」をご存知でしょうか？　わたしにとっては革命的な調理器具で、これで解決したことがいくつもあります。

鍋って、それこそ食材はなんでもあり。それに食べ方も自由。つまみにもなるし、スープにもなるし、ご飯やパスタにもぶっかけられるし、パンに浸すもよし。

鍋でつくるから鍋料理ですが、状態としては汁ですね。「汁料理」と言ってもいい。みそ汁もカレーもビーフシチューもポトフも、みな汁料理です。味噌を使えばみそ汁っぽくなるし、スパイスを使えばカレーっぽくなるというだけの話。料理名はとり

ほっとく鍋

その名の通り、ほっとけばいい鍋。この鍋だと火にかけ、沸騰したら蓋をし、火を止め、蓋したまま1、2時間くらいほっとけば、肉はとろとろ。火を止めても温度が下がりにくく、1時間や2時間は90度以上を保つ構造なのです。蓋をとっても、食事のあいだはずっと熱々です。ワインのボトルを1本空けてもまだ熱い。

鍋料理のすばらしさを3つあげると、

①一度にたくさん仕込める。1週間近く食べられることもあります。濁らずむしろ味がなじんで、熟成された美味しさになってきます。

②多種の食材を使い、わりと簡単に調理できる。食材のバラエティーが富んだ鍋は栄養バランスも抜群だと思う。

③未知の味が待っている。鍋がおもしろいのは、すべての食材がおかずになると同時にダシになること。昆布と鰹節さえあれば、ベースの旨みが出ますが、そこになにを加えるかで味が変わる。どんな味になるかわからないのが楽しい。

あえずなんでもいい。それよりも使う食材です。こだわるべきはね。

まあ、自分で食材を買い出しに行って、ぴんと来るものを揃えられれば理想です。これ使ったらどんな鍋になるだろうという興味が、料理にノリを吹き込みます。選択幅が広ければ広いほど、組み合わせも無限。野菜、山菜、海藻、豆、肉、魚、貝、酒、スパイス、最小限の調味料。野菜や根菜類、魚などは旬のものでどんどん変わるので、さらにバリエーションが広がります。また普段、意外とチャンスを奪われている「旬のものを味わう」という喜びにも、きっと目覚めるでしょうね。

なにとなにをどう組み合わせるかでダシの出方も変わるし、まったくちがう料理になります。果物などでトッピングすれば、料理の表情も変わります。

レシピ通りつくればそこそこの味になりますよ、という保証もありません。たしかに、美味しくつくれなかったらどうしようという不安はあるでしょう。ただ、あえて念を押しておくと、わたしが言いたいのは、料理は自由だ、ということ。自由には失敗がつきもの。失敗は成功の元。失敗のなかにたくさんの成功のヒントが詰まっています。やってみなきゃわからないこともあります。いい意味でも悪い意味でも、予想を裏切られる。そこに料理の醍醐味があります。

失敗を恐れたら、それは味わえないのです。

お店に学ぶ

お店はライヴだ！　いつなくなるかわからない

わたしがこれまで通ったお店のなかには有名店もありますが、ほとんどは名の知られていない名店ばかりです。いまはもうないお店もあります。そういうと、若い方は「名店なのにつぶれちゃったんですか？」「名店なら競争に生き残っているはずじゃ？」と不思議がられます。その言葉にわたしのほうがビックリします。

競争……か。経営戦略では、「差別化」という言葉も使われるように、常に他店との競争が前提です。でも人間もそうですが、自分との闘いというお店があってもおかしくないでしょ？　すべてのお店が同じひとつのレースに参加しているわけじゃないんです。お金儲けという名のレース？　名声という名のレース？　それだけじゃなく、ほかにも無数にレースはあると思います。美味しさの追求という孤独なレースもあるでしょう。わたしにとっても、それらのお店はただ「利用する」だけのお店とは限りません。ただ「美味しい」だけのお店とも限らないのです。

中野ブロードウェイの「青豆亭」と「さん吉」

店主とのお喋りが楽しみなお店もありました。中野ブロードウェイの4階にあった「青豆亭」です。お喋りが売りの店じゃないですよ。むしろ店主は人見知り。見た目は料理人というより数式が似合う博士みたいな人でしたが、出てくるお皿の盛りつけが美しく、色々なお肉と果物を組み合わせる完全オリジナル（酢豚にパイナップルなんて当たり前のコンビじゃなくね）。とにかく料理が独創的で美味しかった。だからこそ、人付き合いはおたがいあまり得意じゃないのに、会話がはずんだのです。その店主は、わたしたちがベルクを始めてから1回だけ、「エッセンベルク」を食べに来てくれました。「僕のやりたかったことだ」と絶賛してくれました。嬉しかったですね。いま、どうされているのかな。

中野ブロードウェイ2階には「さん吉」という老夫婦がやられている焼鳥屋さんがありました。普通の焼鳥ですが、つくねが絶品でした。手づくりの塩辛も、日本酒の司牡丹のいいつまみで。イカがやわらかくて、ゆずがよい香りで、サラッとした舌触り、のどごし濃厚、あとから旨みもやって来る。その余韻でまた酒を口に含む。

その後も数々の焼鳥屋さんに行きましたが、つくねに関しては、いまのところ「さん吉」を超えるお店をわたしは知りません。

さびれた雰囲気がまた落ち着きました。でも、雰囲気を売りにしているお店じゃありません。いかにもという感じじゃない。口コミや情報にのって、有名になる可能性もあると思います。でも自然に醸し出された雰囲気や人柄って、なかなか伝えられないですね。

行ってみなければよさが絶対にわからないお店はたくさんあります。食材に特別こだわっているわけでもなく、ビールも普通の瓶ビールです。なのに魔法がかかったように美味しい。

人を使って育てるのはお店のよさとは別問題

「さん吉」も、しばらく行かないうちになくなっていました。いまでも司牡丹を飲むと「さん吉」のカウンターがよみがえります。どうしたのかな。店主が引退されたのでしょうね。そういう形でなくなる「名店」は多いと思います。後継者はいないのかって？　いるところもありますが、ひとりやふたりで切り盛りしている極小単位のお店は、なかなか人を雇う余裕がないんです。人件費がかかる？　それもありますが、人を使うってパワーがいるんですね。ネコの手も借りたい状況なら、その場は助かりますが、それ以上に神経を使っちゃうんです。

これもいまはないお店ですが、中野南口にわりと名の知れた餃子専門店がありました。そこもはじめは女将さんがひとりでやられていました。女将さんはお酒を一滴も飲まれない方でしたけど、日替わりで純米酒を置いていて、当時、まだどの店もお酒の銘柄にこだわらない時代でしたが、いまでも専門店に並ぶようなお酒を扱っていました。餃子をつまみに酒を試す。ベルクに純米酒を置くきっかけになったのも、このお店です。女将さんは大阪にお店を出していましたが、人を使うのに疲れてこちらに出てきたそうです。ひとりは気楽だと口癖のように言ってました。そのうち行列のできる人気店になり、アルバイトをひとり雇うようになりました。

でも、人に教えるのっていちばんむずかしいことです。女将さんの気持ちは痛いほどわかりました。こだわっているお店ならなおさら、自分がやってしまった方が百倍早いし、百倍正確だし。

個人経営のお店では、雇う方も雇われる方も「お手伝い」感覚からなかなか抜け出せません。おたがいにそこで「育てる」「育つ」という覚悟がないと、かえって中途半端になり、エネルギーを消耗するだけなんですね。隠れた名店が後継者を育てずにいるのは、店主が「そんなことで消耗するくらいなら、身体がどれだけきつくても料理に全神経を注いだほうがまし」と思うからでしょう。客からするとその味、その雰囲気を一代限りで終わらせるのは。もったいないと思います。それは店主だけのものじゃない、みんなのものだ、と訴えたくなります。でも決定権は店主にあるのです。

「ちゃんぷる亭」は人生の学校だった

やはりわたしの地元のお店で、中野北口のアーケードから少し外れたところに「ちゃんぷる亭」という沖縄料理店がありました。店名に「ちゃんぷる」がつく沖縄料理店はたくさんあるので紛らわしいですが、そこは横笛太郎という児童文学者がひとりで切り盛りするカウンターのみの小さなお店でした。横笛さんは、ほかに高井戸と早稲田にもふたつお店をつくり、いまもそれぞれ営業しています。すぐに自分の手をはなれたようですし、店名もちがうので支店ではありませんが、どこか「ちゃんぷる亭」の面影を残しています。

横笛さんは「手のひら劇場」という子ども向けの催しを全国をまわりながらやられていました。それがライフワークだったようです。お店はその合間に東京に戻ったときだけ開いていました。もしそのころ「ぐるなび」とかあったら、そのお店は最低の点数をつけられたでしょうね。いつやっているかわからないし、やっていても店主の気分で閉じたり客を帰したりするし、**味も毎回同じとは限らないし**。他人にはめちゃくちゃ紹介しにくいお店でした。

でもわたしには最高のお店でした。

横笛さんの料理は文字通りちゃんぷるでした。レシピはないに等しい。そのとき見つくろった食材をちゃんぷる（混ぜ合わせる）のです。食材に合わせ、調味料の加減だって変わるでしょう。驚いたのは、食材だけでなく、わたしの体調に合わせて味付けやメニューを決めてくれたことです。「飲みすぎ」と言ってつくってくれた卵入り玄米チャーハンの味がいまでも忘れられません。

いま、この場限りのわたしだけのための味。それって、究極のサービスじゃありませんか？

もちろん、「ちゃんぷる亭」はわたしだけのためにあるお店じゃありません。でも、お客を選ぶ店ではありましたね。それで成り立っていたというのもありますけれど、本来、客って招かれてはじめて客なんですよ。わたしたちも、横暴な人を自分の家に招き入れたくはないでしょ。最低限の礼儀はわきまえてほしい。お店の場合お金がからむので、お金を払うほうは「多少大目にみろ」という気持ちに、お金をもらうほうも「多少大目にみなきゃ」という気持ちになります。うちのようなファストフードもその気持ちなしにはやれません。でもお店はお客に選ばれるけれど、お客もお店に選ばれるというのを「ちゃんぷる亭」はハッキリ態度で示していました。そういう緊張感もわたしは失いたくない。

お金がからむのはやむをえないけど、それだけじゃないよねということです。「ちゃんぷる亭」の客であることをわたしは誇りに思いましたし、最高のもてなしを受けました。それはいくら万札積んでも買えるものではありません。でも金額にしたら、ほんと安かった。いつも、「え？」と耳を疑いました。

＊

「ちゃんぷる亭」は、ふりかえってみると、色々な意味でわたしの原点になっています。人生の学校でした。純米酒をはじめて教えてくれたのも横笛さんですし（沖縄料理なのに、なぜか山梨県の春鶯天《しゅんのうてん》が常備されていた）、「化学調味料を使わない」という謳い文句のもつ意味も、横笛さんのつくる料理ではじめて実感としてわかりました。麺のスープがいつもため息がでるほど味わい深かった。

コンビーフだけは添加物が入っていても、沖縄料理には欠かせないんだと使っていた。それもおもしろかった。横笛さん自身はなにがなんでも無添加というわけではなく、コンビニの新商品はひと通り口にすると言っていました。コンビニの味はよく研究されていて、とても勉強になると。なるほどと思いました。横笛さんのお気に入りの店には化学調味料をふんだんに使っている店もありました。わかっちゃいるが、その店の味になっているとほめていました。食に対する、そういうこだわりつつもこだわらない姿勢をわたしは学びました。

横笛さんが亡くなってから（「ちゃんぷる亭」も自然消滅）もう7、8年経ちますが、いまでもわたしにとっては師匠のように怖くてなつかしい存在です。ベルクを始めたときも、横笛さんを招くのに恥ずかしくないお店にしようという気持ちが強くありました。それはいまでも変わりません。

あとがき「味」に導かれて

10年以上もわたし、花粉症に悩まされ続け、発症したら3ヶ月間、つまり1年の4分の1にあたる期間をなにも手がつけられず過ごしていました。ところがここ2、3年はシーズン中も薬に頼らず、なんとかふつうの生活が送れています。半身浴を毎日やっているのがいいのか、食べ物に気をつけている（思いっきりハメはずすこともありますが）のがいいのか、その複合的効果なのかはわかりませんが、健康に食が大きく関わっているのは間違いなく実感します。もちろん、食に限らず色んなことが関わっているのでしょう。

わたしたちは呼吸するだけで細胞にダメージを受けています。酸素の薄い土地（高山とか）の住民は長生きするというデータもあるそうです。でも酸素が足りないと生きてすらいられません。大事なのは、そういう生命のメカニズムやデータを（なるべく広く多角的に）知っておくことです。判断の目安になるからです。その上でどう生きるかは自分でイメージし、探る（選択する）しかない。

そうなんです。わたしは本書を、こうすれば店の経営がうまくいくとか、料理が美味しくなるという調子のよいノウハウ本にはしたくなかった。そのせいかちょっとまどろっこしい書き方になっています。ベルクは「文字の店」と言われるように、狭い店内のいたるところに商品説明の書かれたポップやスタッフのエッセイも読める壁新聞がべたべたと貼られています。最近は店のホームページも充実してきました。わたしたちは店を使って、食や生活に関する情報、メッセージを長年発信し続けてきたのです。だから書くこと自体はあまり苦ではありませんでした。

第2章の職人インタビューは、本書のハイライトになりました。職人というと黙々と仕事に打ち込む姿が印象的ですが、彼らはけっして無口ではありません。むしろ言葉が際限なく渦巻いている。そりゃそうです。熟練した技自体、知恵の宝庫です。それらは整理され体系づけられることはなかったかもしれない。断片的かもしれませんが、ちょっとつつけばこぼれ落ちるように出てきます。わたしもちょっとつつかせてもらいました。今回はつつけるところからついて、こぼれ落ちた言葉をひろうのでやっとでした。その断片がみなキラキラ光っていません？　職人たちとあらたまって話をする機会って意外とないので、とても新鮮な体験でした。貴重な言葉を記録できただけでも本をつくった甲斐があります。まず彼ら久野富雄さん、河野仲友さん、高橋康弘さんにお礼が言いたいです。どうもありがとう！

もっと時間があれば書こうと思ったこともあります。たとえば、マクドナルドの味（いきなり実名）。手ばなしで感動できないものの、簡単に切り捨てることもできない。とにかく味の点から言っても、マックが外食の大きな中心のひとつであることは間違いありません。いつかそれについても書いてみたい。

さて、3人の職人とわたしたちベルクとは、単なる仕事上のお付き合いと割り切るのがむずかしいほど強い絆で結ばれています。今回話をしながら、なにより「味」に導かれ「味」で結びついているというのをあらためて実感しました。わたしたちの店でのテーマは、結局、その味をいかに守り、お客様といかに共有するかということなんです。

新しい食材を探すときも、価格や話題性、とっつきやすさ、ヘルシーさ、安定供給といった無視できないポイントはいくつもあります。ただ価格や安定供給は交渉次第というところもありますし、話題性やとっつきやすさは自分たちでどうにかしちゃえというのがあります。しかし、味だけはどうにもならない。そりゃ辛くしたり甘くしたり多少の調整は可能ですよ（手っ取り早いという意味では、化学調味料は便利な調整ツールです）。でも「この味！」というのがまずないと、調整もへったくれもない。画家だったら「この色！」音楽家だったら「この音！」というのがまずありますね。どんな鋭い分析や緻密なデータが用意されていても（それだけじゃ）画家や音楽家にはなれない。そういう意味では、うちの職人たちは真の料理家だと思います。

本書は職人たちのみならず多くの人たちの助けと協力のもとに生まれています。まず編集の稲葉将樹さん。真摯な本づくりの姿勢にわたしも奮い立たされました。デザインの川畑あずささん。川畑さんには、わたしの写真展のポスターなどでもお世話になっています。本に絶妙なイラストで味つけして下さった曽根愛さん。みんな、どうもありがとう！

そしてもちろん、ずっと影で日向で支えてくれたベルクのスタッフたち。業者さんたち。ありがとう！

スタッフの中にはわたしの実の親でもある、名越敏子もいます。母と娘って一筋縄ではいかなくて、一言で言うといっしょに働くのは大いに抵抗があったのですが、店長が勝手にスカウトしてきて、それから18年。いまや新宿の名物ともなったベルク店頭の生け花は彼女が担当しています。母と同僚になれて、いまはよかったと思います。本書にも花の写真を散りばめました。この場を借りてお礼を言うね。ありがとう！

第1章は、社員の愛染恭介、市原結美、井野冬二、小林新、今香子、奈村武彦、宮崎智子との共同執筆みたいなものです。ありがとう！

いつも鋭くあたたかく見守ってくれた会長の井野やへ、店長の井野朋也。ありがとう！

最後に本はまだ出ないの？　とハッパをかけつつ心待ちにして下さったベルクのお客様たち、どうもありがとうございます！

おかげさまでとびきり味な本ができました！

迫川尚子

文庫版あとがき　立ち退きと震災を通じて

本書は、2010年にブルースインターアクションズ（現スペースシャワーネットワーク）から出版された『食の職――小さなお店ベルクの発想』の文庫版です。ベルク本の第2弾として、私ことベルク副店長迫川尚子が書きました。第1弾は店長の井野朋也が2008年に同じ出版社から上梓した『新宿駅最後の小さなお店ベルク』です。こちらも一足先に筑摩書房から文庫化されています。

この2つの本は、ベルク本のいわばパート1とパート2です。パート1はビジネス書として書かれているのに対し、パート2の本書は食に的を絞ったという違いがあります。共通するのは、テーマがベルクであるということと、立ち退き騒動の渦中で執筆されたということですね。

井野はビジネス書として依頼を受けたことに戸惑いながら面白がっていました。ベルクが本になるとしたら、サブカル的なものになると私たちは漠然とイメージしていました。それとはだいぶ趣が違うけど、自分たちの経験が少しでもこれからお店を始める人たちのお役に立つなら、むしろ書きがいがあると井野は考えたのです。

家主のルミネから立ち退きを迫られ、退くつもりはありませんでしたが、どこまで耐えられるか正直わかりませんでした。せめて本という形でベルクを残そう。また駅ビルの不当な立ち退き要求を本を使って告発しよう。そういう思惑もありました。編集の方はベルクの常連さんでしたので、そこはのみこんでくださいました。

告発は、本を出す半年くらい前から店の壁新聞やホームページで始めていました。店内で署名活動も展開したので、メディアが次々に取り上げて下さいました。常連さんにメディア関係の方が多かったのです。そのお陰でこの問題が広く世間に知られるようになり、ベルク本第1弾はその流れにのって売れたところもあります。多くの方が応援を兼ねてこの本を宣伝してくださいました。

パート2は、もちろんパート1が売れたから実現した企画です。飲食業の経営者の立場から書かれた自伝やエッセイは数多くありますが、食そのものについてつっこんで書かれたものが意外と少ない。第1弾ではベルクの味の秘密に部分的に触れていますす。第2弾はそこだけを発展させた本と言えます。最初は、ベルクの食部門の責任者である私が（ちなみに店長は本人によれば雑用部門だそうです）、ベルクにこだわらず自由に書いていいという依頼でした。当時、レシピ本がブームでしたので、迫川尚子レシピ集みたいなものでも構わないといわれました。

ですが、ベルクから離れるのは難しかったですね。本書でもちらっと出てくる、私には味の形が見えるという話にしても、いわゆる共感覚の一つの事例としてもっと詳しく書くことはできたでしょうが、やはりそれはベルクの仕事でこそ生きるものです。そこだけ切り離して書くのはかえって不自然に思えました（それはそれで温めていますが）。私が有名人なら、個人的な食の体験や料理法（その日の食材で決めるので、食材の選び方とか）でも興味を持ってもらえるかもしれませんが、皆さんが知りたいのはやはりベルクの味のことだろうと思ったのです。

この本のハイライトは、職人たちへのインタビューです。とても貴重な記録になっていると思います。この本が出た直後にベルク開店20周年記念パーティーを日本外国人記者クラブで盛大に開きました。その時、インタビューに答えてくれたベルクの三大柱が初めて全員顔をそろえました。集まった300人のお客様は惜しみない拍手を送りました。

会場で柱の一人である東金屋のマスター河野さんが、私たちにこっそり「立ち退きは大丈夫?」と声をかけてくれました。「大丈夫」と店長は胸をはって答えました。これだけ多くの方が応援してくださっているのです。きっと大丈夫だろうと私も思いましたが、何の確証もありません。その2年後、実際に立ち退き問題が解決してわかったのですが（詳しい事情は文庫版第1弾の「文庫版あとがき」に店長が書いています）、その時マスターはカッターを新しくするかどうかで悩んでいたのです。ソーセージの味は、腕より道具（と舌）で決まるとマスターは言い切ります。本書にも書かれてあるように、カッター一つで値段が1000万円近くもします。借金して購入するしかありません。でも、もしベルクが立ち退きであの場所からなくなったら返すあてがなくなります。実はマスターは、この時の店長の言葉を受けて、新しいカッターを買っていました。そのことを後から知って、ああお店の立ち退きとは、こういうことなのだと思いました。こだわりの職人も、お店が続くという前提があるからこだわりの職人でいられるのです。もし先がわからなければいい道具も買えない。そこそこの道具でそこそこの味でもしょうがないということになるかもしれません。味の秘密とは、案外そんなところにもあるのではないか。たえず人の目をひきつけるため流行のお店をとっかえひっかえ入れ替えるという駅ビル自慢の方針が完全に間違いとは言いません。ただ、少なくともそのやり方では飲食店が味にこだわることは難しくなるのです。

3・11の影響

この本が出た1年後に3・11の大震災が起きました。東北の震災は、私たち東京の飲食店にも深い衝撃をもたらしました。まず思ったのは、東北でお店を流されてしまった人たちのことです。言葉になりませんでした。ルミネ宛のベルク営業継続請願書に署名して下さった2万名以上の方たちの中には東北出身の方も多数いらっしゃると思います。ご無事だろうか。私たちが東京でできることは何だろうか。

放射能のことでも頭を悩ませました。私たちはチェルノブイリ事故の時から「反原発」でしたので、専門家ほどではないにせよ、「死の灰」は風向き次第で局地的に降る、つまり東北だから危険とかそうでないから安全とは一概に言えないというくらいの知識はありました。一番悔しいのは、今まで最後は自分の舌、五感を信じれば何とかなったのに、それが通用しなくなったことです。とにかく信頼できる情報を集めるしかなかった。情報が錯綜するうちは、なるべく南の野菜を使うようにしたりしました。

業者さんとも放射能をタブー視せず、ざっくばらんに話すようつとめました。大事なのは、私たちの姿勢をはっきり示すことです。うちのお客様には病を抱えた方や赤ちゃんもたくさんいらっしゃいます。そういう方にも自信を持ってお出しできるものをと話しました。今までだってそうしてきたのです。だから再確認ですね。値段も大事だけど、それより味、安全性、安定供給を優先させる。業者さんたちは私たちの言わんとすることをすぐに察してくれて、積極的に情報交換することもできました。ふだんから築いてきた信頼関係が、こういう時にこそ生きるのだと思いました。

新潟の久須美酒造さんからは、もし放射能の数値が少しでも出たら廃業するというお手紙を頂きました。幸い数値は0が続いています。そこまで思いつめなくてもと思う方もいるかもしれませんが、そこまでのこだわりと覚悟があの素晴らしいお酒を生むのでしょう。あとはもう祈る気持ちしかありません。

震災直後のこと

震災直後は、ビルの強制的な閉館により店をたびたび閉じざるを得ないこともありました。こんな時に外食など不謹慎という声もありましたし、店を開けても誰もそれどころではないだろうというあきらめもありました。ところがいざ開けると、お客様がどっと押し寄せるのです。皆さん、何事もなかったように珈琲やビールを頼んで過ごされている。ベルクが日常使いの店であることを改めて認識しました。お客様は少しでも日常を取り戻したくていらっしゃっている。でも、どこかぼーっとされています。使い勝手をよくご存知のはずの常連さんが、お会計をすませてから珈琲をお持ちにならずに席にお着きになったり。ベルクはセルフサービスの店ですが、この時ばかりは私たちがお持ちしました。日常に戻るには、私たちがまずしっかりしなければと背筋がのびました。

その頃は、まだルミネと立ち退き問題でもめている最中でしたが、ルミネの営業部の人たちとも東北に救援物資を送るたびに声をかけあいましたし、節電対策や営業時間についてもお互い相談し合いました。非常事態ですから現場では敵とか味方とか言っていられないのです。ルミネとの結束力はこの時から強まりました。

店でお米を販売した覚えもあります。震災で食べ物自体が消滅した訳ではありません。ただルートが不安定になり、その不安から買い占めが起きる。なので、うちでは今日の分のお米を小分けにして（お一人様一合で）お売りしました。元々うちはパンやソーセージ、お酒など、手作りのため大量生産が難しい食材を色々扱っています。中にはお一人様一つでお願いしている商品もあります。お金ならいくらでも払うからまとめて譲ってくれと頼まれることもありますが、うちは「美味しいものをみんなでわかちあう」をモットーにしてやってきました。その大切さを震災時によりひしひしと感じました。

ベルクはお陰様で今でも元気に営業を続けています。食とは何か。食の仕事に携わるとはどういうことか。飲食店としてのベルクの使命は何か。立ち退きと震災を通じて、より切実により根源的に考えさせられました。それは今でも、いえ、私たちにとって永遠のテーマです。よかったら、ぜひ！　みんなで美味しいものをわかちあいましょう！

職人たちのその後

ベルクは今、お陰様で生産が間に合わないくらい、客数も販売個数も伸びています。嬉しい悲鳴です。定番メニューを維持しながら、新作にも挑戦したいとみんな意欲的です。ソーセージの東金屋さんは新しいサラミ。これでどんなサンドが生まれるか楽しみです。パンの峰屋の高橋さんは引退の年齢を決めていたそうですが、最近は死ぬまでパン屋をやると決めたそうです。サンパウロコーヒーフーズの久野さんは大きな手術をしたのですが、医者も驚く回復力でさらにパワーアップしています。私の最初の写真集『日計り』をイメージしてコクとうまみの増した新ブレンドを作ってくれました。今、泡立ちコーヒーとエスプレッソで使っています。常に新しいものを作り続ける。これも食の職の醍醐味です。

文庫版では、元の単行本でちょっとマニアックすぎるかなと思われる部分を少し削りました。よりディープな世界を味わいたい方は、ぜひ単行本もご覧ください。

開店20周年記念パーティーで3人の職人がそろった時の、久住昌之さんの大はしゃぎぶりを拝見して、食への愛、職人たちへの愛を感じずにはいられませんでした。解説をお願いするなら久住さんにと勝手に決めていました。ありがとうございます！ デザインは、川畑あずささんにお願いしました。単行本の『新宿駅最後の小さなお店ベルク』と『食の職』のデザインも川畑さんです。ありがとうございます！ そして編集の井口かおりさん。お陰様で素敵な文庫本になりました。またこの場をお借りして、日頃からベルクを支えて下さっているお客様、業者さん、職人さん、スタッフに心から感謝を申し上げます。これからもよろしくお願い申し上げます。

２０１５年２月12日

迫川尚子

解説　マンガを超える面白さに、一気読み

久住昌之

いやー、この本に出てくる人たちはホントに面白い。真面目に職を極めている人を「面白い」と言っちゃ失礼だけど、やっぱり面白いとしか言いようがない。ボクはこれを読んでて、もろボクの描くマンガだなと思って、何回も笑ってしまった。

というか、ボクはこの本に登場する3人の職人さんを、すでにマンガに登場させてしまっているんですが。『食の軍師』というマンガで、「ベルク」をモデルにした漫画を描いた時に「肉の番人」「パンの魔神」「コーヒーの猛将」として一コマずつ登場させてしまった。

でも、この本の文庫化にあたって、もう一度読み直して、本物の職人さんの言葉は、マンガ家の想像力なんて軽く超えているなぁ、とあらためて舌を巻いた。

コーヒー職人の久野富雄さん。

「ベルクさんがオープンしたころは、ブレンドのレシピを大学ノート50冊につけてました」

大学ノート50冊。マンガの単位だ。もうそのノートはないそうで、続けてさらりと、「全部頭に入ってますからね。忘れないもんですね」。忘れないもんですね、が常人には出ない。なにしろ、当時コーヒーを毎日ブラックで60杯飲んで、とうとう胃をやられて2週間入院したというんだから。

やっぱり職人さんも、極めればプロレスラーとかと同じで、我々とはもう話の単位や尺度が全然違うんだろう。ベルクのコーヒーは、ビールのあとでもウマい。

ソーセージ職人の河野仲友さん。3代続いた肉屋をしてて、ある日客に「どうせ古くなった肉をソーセージにしちゃうんでしょ」と言われて「ふざけんな！」とそのひと言でハムとソーセージ専門店になっちゃう。この出だしが長篇マンガの幕開けのようだ。話していても「おれは仕事馬鹿というか、本当にそればっかしになっちゃうから」とハッキリ言い、奥さんが「売れなきゃ一文にもなんないのよ」ってブレーキをかけないとどこまでもどこまでも美味しいものを追求してしまう。スバラシイ。ボクはベルクでレバーパテとソーセージの本当のウマさを知った。河野さんは豚肉のすべての部分がいつでも自由自在に使えるように、豚一頭ぶん入るどでかい冷蔵庫も備えている。豚一頭冷蔵庫。荒唐無稽なグルメマンガに出てきそう（主人公の敵が持ってる）。

パン職人の高橋康弘さんもいい味出してる。パン作りの話が深まっていって「天然酵母」って言葉がひとり歩きしてる、と迫川さんが言ったのに対して、

「菌から酵母と絡むから、すごいむずかしいの。ようこそ菌の世界へって感じ」

出ない。ようこそ。簡単な言葉に、重ねた情熱と努力と歳月が出ている。でもマンガっぽい。高橋さんが、熱々のできたてカレーパンを食べさせる店を作りたいという話になった時も、

「冷たいカレーパンというのも、それはそれで哀愁があって旨いんですが」

なんて、そこで哀愁という言葉が職人から発されるのが、ボクにはタマラナイ。そういうことばっかり『孤独のグルメ』の主人公にボクは言わせてきたので。

職人さんのことばかり書いたけど、もちろん迫川さんのベルク話も興味が尽きない。ボクから見たら非の打ち所がない人気商品「ジャーマンセット」が、発売当初全然売れなかったなんて！　ボクが某雑誌に「このスープの味が薄いというヤツはまだ全然わかってない」と書いちゃった「大麦と牛肉の野菜スープ」の秘密が、出汁や素材でなく、水だったとは！　興味が尽きない。

迫川さんと職人さんたちのやり取りも読み逃せない。迫川さんが、食材が値上がりしてコストが上がった分は、より多くの客に来てもらえばいいと考え、そのために、

「よりアピールして、もっと美味しいものをどんどん出していくというふうにしないと」

と言うと、久野さんは、

「その発想は、たとえば素人の人がこれから独立するときの発想なんですよ（笑）」「100人が100人言います。でも、自分がやっていくなかでむずかしくなると見失っていくんだよなー」

と答える。うわー、何の世界も同じだ。最後の「だよなー」の軽さが逆にコワイ。ところが迫川さんの切り返しがスゴイ。

「ああ、それは大丈夫。まだ、20年経ってもわたしにとっては新鮮なテーマ（笑）」

これ、笑いながら言ってるけど、けっして余裕ぶっこいてる「勝ち組」の会話ではない。何十年、見失わず戦い続けてきたのだ。たった今も。イッツ・オンリー・ロックンロール、バット・アイ・ライク・イットなのだ。個人店はいつも崖っぷちでロックしている。

あと、この本がボクにとって読みやすかった理由は、迫川さんが（写真家でもあるからだろうが）、味という抽象的な話を、視覚的なイメージとして表したいと願って文章を書いているように思えたからだ。読んでいていつも店の情景や美味しそうな食べ物が頭に思い浮かんだ。ズルイと思ったのは中野と神楽坂の、もう閉店した飲食店の話。普通の瓶ビールが「魔法がかかったようにおいしい」なんて、行ってみたいじゃん！

というわけで、好きな店の本の話だと、いくらでも書いてしまうので、これでおしまい。書いててベルクでベーコンドックとビールをやりたくなって困った。

本書は『食の職――小さなお店ベルクの発想』の書名で二〇一〇年九月、スペースシャワーネットワーク（旧ブルース・インターアクションズ）より刊行されました。

新宿駅最後の小さなお店ベルク　井野朋也

新宿駅15秒の個人カフェ「ベルク」。チェーン店にはない創意工夫に満ちた経営と美味さ。帯文＝奈良美智　（柄谷行人／吉田戦車／押野見喜八郎）

減速して自由に生きる　髙坂勝

自分の時間もなく働く人生よりも自分の店を持ち人と交流したいと開店。具体的なコツと、独立した生き方。一章分加筆。帯文＝村上龍　（山田玲司）

半農半Xという生き方【決定版】　塩見直紀

農業をやりつつ好きなことをする「半農半X」を提唱した画期的な本。就職以外の生き方、転職、移住後の生き方として。帯文＝藻谷浩介　（山崎亮）

世界はもっと豊かだし、人はもっと優しい　森達也

人は他者への想像力を失い、愛する者を守ろうとする時にこそ残虐になる。他者を排斥する日本で今できること。単行本未収録原稿を追加。　（友部正人）

自然のレッスン　北山耕平

自分の生活の中に自然を蘇らせる、心と体と食べ物のレッスン。自分の生き方を見つめ直すための詩的な言葉たち。帯文＝服部みれい　（曽我部恵一）

貧乏人の逆襲！増補版　松本哉

安く生きるための衣食住&デモや騒ぎの実践的方法。「3人デモ」や「素人の乱」の反原発デモで話題の著者の代表作。書き下ろし増補。対談＝雨宮処凛

なぜ「活動家」と名乗るのか　湯浅誠

非正規雇用や貧困で生きにくい社会とは別の社会を夢見る条件を作るのが活動家の仕事だ。貧困問題に取り組む著者の活動史と現在。　（茂木健一郎）

生きさせろ！　雨宮処凛

若者の貧困問題を訴えた記念碑的ノンフィクション。湯浅誠、松本哉、入江公康、杉田俊介らに取材。JCJ賞受賞。最終章を加筆。　（姜尚中）

生き地獄天国　雨宮処凛

プレカリアート問題のルポで脚光をあびる著者自伝。自殺未遂、愛国パンクバンド時代。イラク行。現在までの書き下ろしを追加。　（鈴木邦男）

脱貧困の経済学　飯田泰之／雨宮処凛

格差と貧困が広がり閉塞感と無力感に覆われている日本。だが、経済学の発想を使えばまだ打つ手はある。追加対談も収録して、貧困問題を論じ尽くす。

憲法が変わっても戦争にならない？　高橋哲哉／斎藤貴男　編著

なぜ今こそ日本国憲法が大切か。哲学者、ジャーナリストの編者をはじめ、憲法学者・木下智史、映画監督・井筒和幸等が最新状況を元に加筆。

9条どうでしょう　内田樹／小田嶋隆／平川克美／町山智浩

「改憲論議」の閉塞状態を打ち破るには、「虎の尾を踏むのを恐れない」言葉の力が必要である。四人の書き手によるユニークな洞察が満載の憲法論！

自分の仕事をつくる　西村佳哲

仕事をすることは会社に勤めること、ではない。仕事を「自分の仕事」にできた人たちに学ぶ、働き方のデザインの仕方とは。（稲本喜則）

自分をいかして生きる　西村佳哲

「いい仕事」には、その人の存在まるごと入ってるんじゃないか。『自分の仕事をつくる』から6年、長い手紙のような思考の記録。（平川克美）

かかわり方のまなび方　西村佳哲

「仕事」の先には必ず人が居る。自分を人を十全に活かすこと。それが「いい仕事」につながる。その方策を探った働き方研究第三弾。（向谷地生良）

たましいの場所　早川義夫

「恋をしていいのだ。今を歌っていくのだ」。心を揺るがす本質的な言葉。文庫用に最終章を追加。帯文＝宮藤官九郎　オマージュエッセイ＝七尾旅人

ぼくは本屋のおやじさん　早川義夫

22年間の書店としての苦労と、お客さんとの交流。どこにもありそうで、ない書店。30年来のロングセラー！（大槻ケンヂ）

生きがいは愛しあうことだけ　早川義夫

親友ともいえる音楽仲間との出会いと死別。恋愛。音楽活動。いま、生きることを考え続ける著者のエッセイ。帯文＝斉藤和義（佐久間正英）

昨日・今日・明日　曽我部恵一

「サニーデイ・サービス」などで活躍するミュージシャンの代表的エッセイ集。日常、旅、音楽等が爽やかな文体で綴られる。松本隆氏推薦。

日本フォーク私的大全　なぎら健壱

熱い時代だった。新しい歌が生まれようとしていた。日本のフォーク――その現場に飛び込んだ著者ならではの克明で実感的な記録。（黒沢進）

絵本ジョン・レノンセンス　ジョン・レノン　片岡義男／加藤直訳

ビートルズの天才詩人による詩とミニストーリーと絵。言葉遊び、ユーモア、風刺に満ちたファンタジー。原文付。序文＝P・マッカートニー。

Ai　ジョン・レノンが見た日本　ジョン・レノン絵　オノ・ヨーコ序

ジョン・レノンが、絵とローマ字で日本語を学んだスケッチブック。「おだいじに」「毎日生まれかわります」などジョンが捉えた日本語の新鮮さ。

玉子ふわふわ　早川茉莉編

国民的な食材の玉子、むきむきで抱きしめたい！　森茉莉、武田百合子、吉田健一、山本精一、宇江佐真理ら37人が綴る玉子にまつわる悲喜こもごも。

なんたってドーナツ　早川茉莉編

貧しかった時代の手作りおやつ、日曜学校で出合った素敵なお菓子、毎朝宿泊客にドーナツを配るホテル、哲学させる穴……。文庫オリジナル。

貧乏サヴァラン　森茉莉　早川暢子編

オムレット、ボルドオ風茸料理、野菜の牛酪煮……。食いしん坊茉莉は料理自慢。香り豊かな〝茉莉ことば〟で綴られる垂涎の食エッセイ。文庫オリジナル。

買えない味　平松洋子

一晩寝かしたお芋の煮っころがし、土瓶で淹れた番茶、風にあてた干し豚の滋味……日常の中にこそある、おいしさを綴ったエッセイ集。（中島京子）

買えない味2　はっとする味　平松洋子

刻みパセリをたっぷり入れたオムレツの味わいの豊かさ、ペンチで砕いた胡椒の華麗な破壊力……身近なものたちの隠された味を発見！　（室井滋）

諸国空想料理店　高山なおみ

注目の料理人の第一エッセイ集。世界各地で出会った料理をもとに空想力を発揮して作ったレシピ。よしもとばなな氏も絶賛。（南椌椌）

わたしは驢馬に乗って下着をうりにゆきたい　鴨居羊子

新聞記者から下着デザイナーへ。斬新で夢のある下着を世に送り出し、下着ブームを巻き起こした女性起業家の悲喜こもごも。（近代ナリコ）

もの食う本　木村衣有子　武藤良子・絵

四十冊の「もの食う」本たち。文学からノンフィクション、生活書、漫画まで、白眉たる文章を抜き出し咀嚼し味わう一冊。

わたしが輝く オージャスの秘密　服部みれい／蓮村誠 監修

インドの健康法アーユルヴェーダでオージャスとは生命エネルギーのこと。オージャスを増やして元気で魅力的な自分になろう。モテる！　願いが叶う！

整体入門　野口晴哉

日本の東洋医学を代表する著者による初心者向け野口整体のポイント。体の偏りを正す基本の「活元運動」から目的別の運動まで。（伊藤桂一）

東洋医学セルフケア 365日　長谷川淨潤

風邪、肩凝り、腹痛など体の不調を自分でケアできる方法満載。整体、ヨガ、自然療法等に基づく呼吸法、運動等で心身が変わる。索引付。必携！

自然治癒力を高める快療法　橋本俊彦／橋本雅子

「快療法」は、「操体法」や温熱療法で、心身を気持ちよい方に動かしバランスをとる健康法。それと美味で健康的な料理で免疫力アップ。（瓜生良介）

野口体操 マッサージから始める　羽鳥操

「野口体操」は戦後、野口三千三が創始した身体の技法で、ゆらゆらと体の力を抜く独創的なもの。マッサージを元にした入門書。対談＝坂本龍一

身体感覚を磨く12カ月　松田恵美子

冬は蒸しタオルで首を温め、梅雨時は息を吐き切る練習をする。ヨーガや整体の技を取り入れたセルフケアで元気になる。鴻上尚史氏推薦。

身体能力を高める「和の所作」　安田登

なぜ能楽師は80歳になっても颯爽と舞うことができるのか？「すり足」「新聞パンチ」等のワークで大腰筋を鍛え集中力をつける。（内田樹）

らくらくお灸入門　高橋國夫

あったかくて気持ちがいい。セルフお灸の基本から、経絡（体のルート）別ツボまで。女性やお年寄りや子供にも優しい。内臓に美容にストレスに効果的。

きもの草子　田中優子

インド更紗、沖縄の紅型などから、アジアから日本への文化の流れをも語る。着物、布地のカラー写真、着こなしについてのコラムも収録。（挾本佳代）

整体的生活術　三枝誠

人間の気の回路は身体の内側にのみあるわけではない。健康に生きるため何と関わって生きるかを選ぶことの必要性を説く。巻末寄稿＝甲野善紀

ちくま文庫

「食《しょく》の職《しょく》」新宿《しんじゅく》ベルク
——安《やす》くて本格的《ほんかくてき》な味《あじ》の秘密《ひみつ》

二〇一五年四月十日　第一刷発行

著者　迫川尚子（さこかわ・なおこ）
発行者　熊沢敏之
発行所　株式会社　筑摩書房
東京都台東区蔵前二―五―三　〒一一一―八七五五
振替〇〇一六〇―八―四一二三

装幀者　安野光雅
印刷所　明和印刷株式会社
製本所　株式会社積信堂

乱丁・落丁本の場合は、左記宛にご送付下さい。
送料小社負担でお取り替えいたします。
ご注文・お問い合わせも左記へお願いします。
筑摩書房サービスセンター
埼玉県さいたま市北区櫛引町二―六〇四　〒三三一―八五〇七
電話番号　〇四八―六五一―〇〇五三
© NAOKO SAKOKAWA 2015 Printed in Japan
ISBN978-4-480-43261-2 C0195